Lo que la inclusión esconde

Diario de una maestra muy especial

Rocío Borrás Rodríguez

Lo que la inclusión esconde

Primera edición: 2025

ISBN: 9791387943301

© de los textos:
Una maestra muy especial
Rocío Borrás Rodríguez
Virgen del Rocío, 26, 23200, La Carolina
www.unamaestramuyespecial.es

© de esta edición:
Ediciones Rodio
Diseño de portada: Ediciones Rodio
Edita: Ediciones Rodio
Plaza de la Magdalena, 9. 3ª planta
41001-Sevilla
Teléfono: 955 28 74 84
www.edicionesrodio.com
info@edicionesrodio.com

A mis niños y sus familias,
los de ahora, los de antes y los que vendrán.
Porque sois mi norte cuando todo tiembla,
mi verdad cuando el sistema duda,
y mi fuerza cuando ya no me queda.

A quienes educan con el alma,
aunque duela, aunque queme, aunque no se vea.
A los que sostienen sin que nadie los sostenga,
y a quienes, como yo, un día se sintieron
sol@s pero eligieron no rendirse.

A mi familia, que me espera, me aguanta y me abraza
cuando el aula me desborda. Y a mi madre,
por enseñarme que callar nunca fue una opción,
cuando hay justicia por defender.

Este libro es para ti,
que todavía crees que lo que haces sí importa.

Prólogos

Este libro nunca ha buscado expresar una única voz, como vais a poder comprobar muy pronto. Al finalizarlo y comprobar que algo que empezó con el simple hecho de sanar se había convertido en algo con tanto sentido, sentí la necesidad de que estuviera arropado por tres mujeres que representan, cada una a su manera, el pilar al que me aferro para poder seguir creyendo y creando una educación inclusiva.

Coral Elizondo, referente indiscutible de la inclusión educativa en España. Desde que comencé a preparar mis oposiciones en Pedagogía Terapéutica, Coral se convirtió en mi brújula. Sus escritos, conferencias y reflexiones me han acompañado como un faro que ilumina la importancia de una escuela que no excluya, sino que abrace. Coral me enseñó que la inclusión no es una moda, ni un concepto vacío, sino una lucha constante que se practica día a día.

Tania Pasarín-Lavín, compañera y doctora en Educación. Sus publicaciones —claras, actuales y profundamente necesarias— han recordado a toda la comunidad docente que la inclusión real solo se construye en colectivo, desde la cooperación y la mirada comparti-da. Con cada libro nos ha invitado a repensar, a transformar y a no olvidar nunca que detrás de cada normativa hay personas con nombre y apellidos que esperan respuestas. Su voz, siempre rigurosa y a la vez cercana, ha sido para mí un empuje para creer en el poder del trabajo en comunidad.

Y Rosa Menchón, maestra de Pedagogía Terapéutica en Murcia, conocida en redes como @RousPT, representa la fuerza de la práctica diaria, de quienes intentamos hacer realidad la inclusión en nuestros centros. Su forma de compartir experiencias reales, con transparencia y compromiso, ha inspirado a miles de docentes, al igual que nos ha hecho darnos cuenta de que lo que vivimos como especialistas la mayoría de las veces es más común de lo que pensamos.

Ellas aceptaron acompañarme escribiendo el prólogo para mi libro. Y con ello me han regalado mucho más que eso: me han dado un abrazo, un reconocimiento y una manera de decirme que no estoy sola.

Coral Elizondo

Hay libros que se leen, y libros que se sienten y llegan al alma. Este libro es uno de ellos. En Lo que la inclusión esconde, su autora nos abre el alma y nos deja entrever, con una lectura poética, pero un dolor real y sin filtros, sus vivencias más personales, lo que sucede detrás de promesas incumplidas, discursos vacíos oficiales, normativas rígidas, apoyos escasos, y sobre todo, experiencias duras.

En estas páginas, Rocío no se limita a relatar un curso escolar. Rocío nos abre las puertas y también las ventanas, de su pequeño rincón, de su aula mágica. Un aula que demuestra que es capaz de brillar con luz propia, y formada por maravillosos seres valientes, brillantes, pero sobre todo transformadores. Rocío nos abre las puertas para que podamos mirar dentro y, sobre todo, escuchar lo que tantas veces se silencia y pocas veces se ve. Conoceremos al entomólogo que cada día vigila y cuida las pequeñas propuestas educativas. Al inspector gastronómico, capaz de degustar los mejores manjares. Al bailarín explorador, que te envuelve con propuestas rítmicas. Y escucharemos el susurro delicado de la niña que está creciendo y quiere ser vista y oída.

Con voz clara y valiente, aunque a veces entrecortada y quebrada por el dolor, la rabia y la indignación, nos recuerda que la inclusión no se decreta. Se construye cada día en la vida real, en las miradas que sostienen, en las crisis que se acompañan, en las adaptaciones reales y diarias, en los logros invisibles que jamás aparecerán en una estadística.

Este libro no es solo el diario de una maestra muy especial. Es un mapa de heridas y de resistencias. Es el retrato de un sistema que, aunque proclama la inclusión, arrastra muchas inercias excluyentes, en el lenguaje, en la mirada, en los hechos. Y es, sobre todo, un canto al entomólogo, al inspector gastronómico, al bailarín explorador, al susurro delicado, que cada día aprenden y enseñan desde otras maneras de estar y habitar en el mundo.

Rocío escribe desde la trinchera con el corazón en la mano. Su relato es denuncia, pero también es abrazo. Pero es sobre todo un recordatorio urgente de que la escuela inclusiva necesita recursos, voluntad y mucha comunidad. Necesita personas dispuestas a creer en poderes distintos, a mirar con otros ojos, a sentir con otro corazón.

Quien lea estas páginas saldrá distinto. Conocerá el valor de lo pequeño, la grandeza de lo invisible y la fuerza de una maestra que, aun rota, decidió no callar. Porque este libro es, en esencia, un acto de amor y de justicia educativa.

Tania Pasarín-Lavín

Después de leer el libro de Rocío resonaba, aún más en mí, la siguiente pregunta:

¿Qué ocurre con lo que la inclusión esconde?

En el vasto universo de la educación, hay una palabra que resuena con fuerza: "inclusión". Es un término que inunda decretos, programas y discursos, prometiendo equidad, igualdad de oportunidades e incluso un lugar para cada niño o niña. Es una palabra que suena a ideal, a futuro. Pero ¿qué pasa cuando la realidad es un silencio que aturde? ¿Qué sucede cuando ese ideal choca de frente con la burocracia, la indiferencia y la falta de medios?

El libro de Rocío no es un libro sobre teoría pedagógica o estadísticas oficiales. Tampoco es una denuncia vacía. Es un diario, un testimonio real y honesto de lo que ocurre en un "aula específica", ese espacio que, aunque existe en los planos, en las legislaciones y en el vocabulario docente, a menudo parece invisible para el sistema. Este libro se plantea como la historia de una maestra que asumió la tarea de construir un refugio con escasos recursos y mucho amor, mientras luchaba contra un sistema que celebra los logros cuantificables y subestima los avances (por no llamarlos milagros) diarios.

Aquí encontrarás el eco de las batallas silenciosas del alumnado, que cargan con las consecuencias de lo que los adultos no han sabido gestionar. Verás representada la voz de las familias, que llegan al aula agotadas y heridas, buscando solo comprensión y un lugar donde sus hijos sean respetados y amados. Sentirás el peso del cansancio de los docentes y del personal de apoyo, que asumen la responsabilidad de defender un derecho fundamental, aun a costa de su propia salud.

Este libro nace como un acto de resistencia y sanación. Surge de la necesidad vital de contar una verdad incómoda. Para mí es como esa linterna encendida en medio de la oscuridad, ese grito compartido que nos recuerda que no estamos solos. A quienes se sienten invisibles, a quienes se tambalean en su trinchera, a quienes dudan si lo que hacen realmente importa: este libro es para ti. Es una invitación a mirar más allá de la superficie, a entender que la inclusión no se decreta, se practica.

Porque lo que la inclusión esconde no son solo carencias o fallos del sistema. También esconde la valentía de quienes no se rinden, la ternura de un gesto sencillo, la grandeza de los pequeños logros que rara vez figuran en un informe. Esconde la humanidad que sobrevive entre muros de burocracia y la esperanza que se abre camino incluso cuando todo parece ir en contra.

Este libro no ofrece recetas mágicas ni soluciones inmediatas, pero sí ofrece algo más valioso: una mirada comprometida que nos invita a repensar lo que entendemos por inclusión. A detenernos, a escuchar y a reconocer que detrás de cada palabra, cada decreto y cada aula, hay personas que merecen ser vistas, escuchadas y respetadas.

Leer estas páginas es aceptar el reto de mirar de frente lo que muchas veces preferimos ignorar. Es permitirnos incomodarnos, emocionarnos y, sobre todo, comprometernos. Porque la inclusión, como la vida misma, se construye cada día con gestos concretos, con decisiones valientes y con la certeza de que nadie debería quedar al margen.

Que este libro sea entonces no solo un testimonio, sino también una semilla. Una semilla de conciencia y de cambio que, al caer en cada lector, nos recuerde que la verdadera inclusión no se esconde: se vive.

Rosa Menchón

Cuando abrí este libro por primera vez, no me imaginaba que estaba a punto de leer algo que no solo me removería por dentro, sino que pondría palabras exactas a muchas de las emociones, frustraciones y batallas silenciosas que vivimos quienes trabajamos en aulas específicas.

"Lo que la inclusión esconde" no es solo un diario. Es un testimonio valiente, una radiografía emocional de lo que supone educar desde el margen, desde el amor, desde la resistencia. Escrito con el corazón en carne viva, cada página nos susurra verdades que muchas veces se callan en los claustros, en los despachos, en las memorias de los centros.

Verdades que duelen, pero que también sanan. Porque en ellas nos encontramos. Porque en ellas nos sentimos menos solos.

Rocío escribe como quien sostiene, como quien abraza. Y mientras denuncia las carencias del sistema, nos recuerda que todavía hay esperanza. Que seguimos, a pesar de todo, por ellos. Por nuestros niños. Por esos logros invisibles que no salen en boletines, pero que se celebran como auténticos milagros.

Este libro es necesario. Urgente. Es un espejo para quien se atreva a mirar. Y es también una voz para quienes, como Rocío, nos dejamos la piel en aulas que no salen en los folletos, pero que están llenas de magia, dignidad y verdad.

Gracias, Rocío, por escribir lo que tantas llevamos dentro.

Por transformar el dolor en palabras y la impotencia en acción. Por recordarnos que no estamos solas. Que seguimos. Que seguimos educando, incluso cuando duele, porque creemos, con toda el alma, que cada niño merece su lugar en el mundo.

1

Un aula sin instrucciones

Hay lugares que, aunque estén señalados en los planos de nuestros centros educativos, permanecen invisibles. Mi aula específica era uno de ellos.

Una clase en obras, y un aula contigua con un material arrinconado, esperando espacio y lugar por definir. Una promesa a mi llegada de que todo cambiaría más que una realidad.

El 2 de septiembre comencé una nueva etapa profesional en mi nuevo centro educativo, algo muy normal entre el profesorado funcionario-interino que continúa sin estabilización laboral solo por pretende estar cerca de casa. Llegaba con energía renovada, tras cinco años en otro centro de la misma localidad en el que me había sentido profundamente querida, respetada y valorada.

Ese primer día traía conmigo no solo mi experiencia como maestra de Pedagogía Terapéutica, sino también esa chispa que se enciende cuando sabes que estás a punto de empezar un nuevo curso escolar.

Al llegar, sabía que algo se movía en el subsuelo del centro. Había escuchado rumores. Pero desconocía el dolor, la incomprensión, la falta de empatía y sobre todo que el aula de la que estaba a punto de encargarme se había convertido en el epicentro de un conflicto sin resolver.

Cuando después del primer claustro la dirección se dirigió a mí y me dijo: "He oído hablar de ti y necesito que te ocupes del aula específica". En ese momento no me preocupó, al contrario, sentí que podía aportar y que podía ser parte de la reconstrucción.

Pero, como empezaba este capítulo, el aula no estaba lista. Durante el verano se le había añadido un aseo y las obras no habían finalizado, por lo que no me quedó más remedio que empezar el curso en un aula prestada, pequeña, en la que convivimos por unos días seis personas que se conocían por primera vez. Mi nueva compañera y mano derecha (la monitora o como aquí en Andalucía las/ los conocemos "PTIS") y nuestros cuatro alumnos.

No os voy a negar que los días se hacían largos y muy duros, lo que provocó que la espera se volviera preocupante. Y me obligara a ponerme en acción. Después de algunas llamadas, pudimos conseguir que el ayuntamiento de la localidad finalizara las obras.

Pero todos sabemos que una obra no es un aula. Faltaban muebles, materiales, recursos. Asumí el reto de prepararlo todo, con escasos materiales pero con mucho cariño.

Traje de casa todo lo que pude, intentando que ese espacio que estaba preparando fuera lo más parecido a un segundo hogar. Y poco a poco, entre viajes y limpieza, creo que lo conseguí, o al menos creé un espacio al que sin duda llevaría a cualquiera de mis dos hijos a aprender, disfrutar y pasar cinco horas seguidas, durante cinco días de la semana, a lo largo de muchos años.

Los primeros días fueron pasando, más o menos, siempre algo caóticos y duros. Y casi sin darme cuenta, ya fueron apareciendo piedras que me iban haciendo tropezar e ir buscando alternativas para continuar por un camino seguro.

Recursos que se tenían, pero que se decidían quitar, actividades en las que mi aula no podía participar. En definitiva, demoras, excusas y, sobre todo, silencios.

Desde el inicio me encontré mediando entre las familias y la dirección. Se encontraban desesperadas por la inacción que habían sufrido el curso anterior, lo que para ellos era valorado como la falta de cumplimiento de los derechos educativos que sus hijos tenían y que nuestra normativa recogía. Pero les pedí tiempo y que confiaran, que creía firmemente que este año el curso podía ser diferente.

Y así, con las llaves en las manos y el corazón en la garganta, después de esos primeros días, supe que aquella aula sería el escenario de una experiencia muy dura y transformadora de mi vida profesional.

Por qué estaréis de acuerdo conmigo con **que no hay aula vacía cuando entra una maestra dispuesta a llenarla de sentido.**

El silencio

Desde el principio sentía y escuchaba el silencio alrededor de mis alumnos, de mi aula, de mis familias, de mis comentarios, como si fuésemos invisibles, como si no quisieran escucharnos. En esos momentos solo pensaba en:

"Tú eres la especialista, te encanta tu trabajo, es tu vocación, revierte la situación".

Pero, ¿cómo se puede revertir algo que el sistema aún no ha querido comprender? ¿Cómo enseñar a un alumno que no tiene palabras para expresar lo que siente, en un entorno que tampoco se interesa por aprender a escuchar?

Los primeros días fueron un compendio de improvisaciones: montar rincones, adaptar rutinas con pictogramas realizados por las tardes con toda mi familia, buscar materiales con mis propios recursos, atender crisis emocionales sin manual de instrucciones, sostener miradas perdidas mientras intentaba esconder las mías, que a ratos se llenaban de lágrimas contenidas.

El tiempo fue pasando y mis alumnos fueron encajando como piezas de un puzle cuya imagen final no podía imaginar. Cada uno con su historia, con sus necesidades y sus formas de estar en el mundo. Todos distintos, todos inmensos.

Mi aula tenía nombre, "Aula Mágica". Al llegar no sabía si entender el nombre como otra etiqueta más a la que estamos acostumbrados o si tendría otro sentido más especial. Y sin duda ha sido la segunda opción.

Se llama "Aula Mágica" porque en medio del caos, la falta de medios y la incomprensión, ocurren cosas que muchos no pueden ver... pero que nosotras sí sentimos y vemos.

Porque cada pequeño gesto —una mirada, una sonrisa inesperada, un "sí" que llega después de cien intentos— es un hechizo que transforma lo cotidiano en extraordinario.

Porque la magia no está en las varitas ni en los conjuros, sino en el amor con el que se prepara cada actividad, en la paciencia con la que se espera cada avance, en la esperanza que se mantiene incluso cuando todo parece desmoronarse.

Porque nuestros niños no necesitan que los cambien, sino que crean en ellos.

Porque, aunque muchas veces nos sintamos invisibles dentro del centro, nuestra aula brilla con luz propia, como un pequeño faro para quienes aprenden de forma diferente, pero con la misma dignidad.

"Aula Mágica" porque es un lugar donde todo es posible, si se hace con el corazón.

Y así fue mi comienzo en mi aula, sin celebrar los cumpleaños con globos y canciones, pero con celebraciones también. Un contacto visual sostenido, un ratito sentado en la mesa sin crisis, una petición espontánea con un gesto.

Como comenzamos cualquiera de nosotr@s cada curso escolar. Con más dudas que certezas. Con más amor que recursos. Con más coraje que respaldo.

Pero, ¿qué es un aula específica?

Un aula específica es mucho más que un espacio físico dentro de un colegio. Es un refugio cuidadosamente preparado para acoger, comprender y acompañar a alumnos y alumnas que necesitan conocer cómo funciona el mundo con otras palabras, con otros ritmos, con otros gestos.

Es un entorno pensado para ofrecer una respuesta educativa muy especializada. Un aula donde cada mirada cuenta, donde el silencio también comunica, donde se celebra lo que en otros lugares pasa desapercibido.

Aunque no en todos los centros se valora como un aula más, que es lo que es, un ciclo educativo, el cual debe participar en la totalidad de las actividades. No tiene explicación que no se vea como una extensión más de cualquier centro.

Al final de cuentas, un aula específica no se mide por sus metros cuadrados, sino por su calidez, por su capacidad de adaptación y por la mirada con la que se recibe cada mañana a quienes la habitan.

Objetivos reales VS. logros invisibles.

Hablar de los objetivos de un aula específica es, en realidad, hablar de una verdad incómoda: porque lo esencial muchas veces no se ve. Y cuando se ve, se subestima.

Porque mientras otros celebran redacciones perfectas, multiplicaciones resueltas o dictados sin errores, tú celebras que tu alumno haya entrado al aula sin llorar, pellizcar o morder, que te haya mirado brevemente a los ojos, aunque de momento le haya dado vergüenza, que haya permanecido sentado tres minutos más que ayer, que haya pronunciado una palabra, aunque fuera apenas un susurro, que haya gritado un 0,2% menos que ayer, que en esta crisis no se haya autogolpeado, empujado o puesto a lanzar objetos del aula como si de arroz en una boda se tratase.

Esos son tus logros. Reales, gigantescos, incluso en ocasiones te parecen hasta milagrosos.

Pero fuera de tu aula, a menudo, parecen pequeños e incluso invisibles.

Porque lo que no se entiende... no se valora.

A la vista de quienes no conviven con la diversidad funcional, estos avances parecen lentos, insuficientes, irrelevantes. No hay cuaderno que los registre, no hay rúbrica que los mida, no hay boletín que los califique, no hay aplicación que se acuerde de ellos.

Muchos compañeros —no por maldad, sino por desconocimiento— se preguntan qué se "enseña" en un aula específica. Y la respuesta es tan sencilla como poderosa: enseñamos a vivir, a comunicarse, a confiar, a autorregularse.

Enseñamos a construir un yo que pueda estar en el mundo con dignidad.

Pero ese tipo de enseñanza no tiene cabida en la mayoría de las reuniones de ciclo, claustros, asambleas provinciales, cursos de formación, incluso en ocasiones casi que ni en programas educativos que están destinados íntegramente a este alumnado, son aprovechados realmente con estos fines.

Pero claro, recordemos que lo urgente aplasta lo importante.

Tenemos un sistema educativo saturado por burocracia, ratios inhumanas y resultados cuantificables, y aquí los logros invisibles no cotizan. La sociedad pide evidencias, números, títulos... Y mientras tanto, tú te emocionas porque tu alumno por fin ha dejado que le acerques el cepillo de dientes a la boca, o porque ha dicho "bien" en lengua de signos y con guía cuando le has preguntado: ¿cómo está?.

Pero eso, para muchos, todo esto no son "objetivos", necesitan que les realices documentos que recojan actuaciones curriculares, basadas en una legislación que solo se acuerda de ellos cuando intenta escribir, que no practicar, la palabra INCLUSIÓN.

Y te toca, sin ningún tipo de necesidad real, nada más que la impuesta por las administraciones formadas por personas que no han pasado o que simplemente han rozado un aula de estas características, rellenar documentos que por mucho sentido que intentes buscarle en ocasiones distan mucho de la realidad práctica.

Pero aún con esas nosotros sabemos que el éxito, a veces, tiene otra forma. No necesitamos medallas. Solo necesitamos visibilidad real, no postureo, apoyo, comprensión y sobre todo empatía.

Y cuando esto no existe, querido compañero, compañera, papá, mamá, tutor o tutora es cuando no te queda otro remedio que luchar y resistir.

Reivindicar con firmeza y ternura, y a veces con insistencia, como se me ha dicho a mí en alguna ocasión, que nuestros objetivos son tan válidos como cualquier otro.

Qué enseñar a comer sin ayuda, a ponerse la mochila, a pedir agua o a esperar un turno es construir ciudadanía, autonomía y dignidad.

Por eso escribo.
Por eso me he cansado este curso tanto hasta casi caer enferma, pero nunca me he rendido.

Porque sabes que lo que haces tiene sentido, aunque lo más normal es que no tenga reconocimiento.

Porque, aunque el mundo no lo vea, tú sabes que hoy, tu niño ha dado un paso más hacia su libertad. Y sin duda, tú has estado ahí para acompañarlo. Y es que está claro que, **mientras el sistema pide evidencias, nosotros celebramos milagros.**

Y eso, aunque nadie lo aplauda, es educación en su forma más pura.

2

Cuando el sistema no ve ni escucha

Todo docente que trabaja con alumnado con necesidades educativas especiales, y especialmente en un aula específica, acaba chocando antes o después con el muro de la burocracia, la descoordinación y, lo que es más doloroso, la indiferencia. Porque sí, existen protocolos, decretos, normativas autonómicas y planes de actuación, pero cuando esas letras no se traducen en apoyos reales, lo que queda es una maestra sola, una familia angustiada y un alumno sin recursos suficientes.

En Andalucía, la Consejería de Desarrollo Educativo y Formación Profesional es el órgano autonómico responsable de diseñar y coordinar las políticas educativas. Desde ella emanan decretos que hablan de inclusión, de atención a la diversidad, de equidad. Se publican programas de inclusión, más equidad, más transformación e incluso tenemos las comunidades de aprendizaje que tanto bien están haciendo a los niños que tienen la suerte de estar en esos centros. Pero, sin embargo, en muchos centros, la inclusión sigue siendo un discurso pendiente, una promesa sin cuerpo.

En cada provincia, las Delegaciones Territoriales de Educación son las encargadas de materializar esas políticas. Supervisan, asignan recursos, validan itinerarios, resuelven conflictos. Pero cuando un problema persiste durante meses, por no ser tan osada de decir años, cuando una pantalla no llega, cuando una familia se desespera, cuando una docente clama sin respuesta, uno se pregunta: ¿qué falla?

Y todavía no hemos abarcado el centro educativo. El lugar que debería ser nuestra segunda casa, tanto por las horas, como por la dedicación que le ponemos. Debería ser equipo, protección, lugar donde encontrar el calor de una comunidad educativa que lucha junta por su alumnado.

Pero cuando tu aula se convierte en un foco de tensión, cuando las decisiones se dilatan, cuando la información se retiene o se desvía, cuando se traslada la carga emocional de la gestión a la docente que solo quiere enseñar y cuidar, el centro deja de ser refugio y se convierte en un campo de batalla silencioso.

Y claro, es que muchas personas todavía no han tenido la suerte de comprobar lo bonito que es practicar la inclusión y no decretarla.

Cuando no hay una voluntad común, cuando el engranaje olvida que lo importante no es el documento sino la persona, el sistema fracasa.

En medio de ese fracaso, hay tres perfiles sufriendo sin necesidad, pero sobre todo sin justificación. Nuestro alumnado, las familias y nosotros. Y es que todavía muchos no han entendido que **la inclusión no se escribe en decretos, se practica en las aulas.**

¿Por qué sufre nuestro alumnado?

Ellos, lo principal, por lo que los demás existimos y los más invisibles dentro de un lugar formado por y para ellos.

Suelen cargar, sin entender, sin darnos cuenta, con las consecuencias de lo que los adultos no hemos sabido gestionar bien.

Porque necesitan entornos estructurados, predecibles y afectivos, y a menudo se encuentran con espacios improvisados, tensos o fríos.

Porque cuando no se respeta su ritmo, cuando solo se les ofrece lo que un dictamen exprés y poco revisado establece, viven en un entorno que no es accesible ni seguro.

Y sobre todo, porque aunque pensemos, erróneamente, que no perciben los silencios, los cambios de humor, las conversaciones en voz baja, han sentido, escuchado y comprendido, la mayoría de las veces, todo. Y, aunque muchos no hablen, sienten con una intensidad que desarma.

Porque la falta de recursos, de personal de apoyo, de adaptación, de presencia real, acaba traduciéndose en frustración, crisis, aislamiento o regresiones.

Porque el aula que debería ser su espacio de protección y crecimiento, muchas veces no logra serlo por falta de respaldo institucional.

Y lo más duro: porque su dolor no suele tener altavoz.

¿Por qué sufren las familias y tutores?

Porque muchas llegan al aula específica después de años de lucha, diagnósticos erróneos y sobre todo, mucho dolor, esperando por fin encontrar un lugar donde su hijo o hija sea entendido, no juzgado.

Porque depositan en nosotras su confianza, su angustia y su esperanza... y, cuando ven que el sistema falla de nuevo, se les rompe algo muy profundo dentro que solo ellos conocen, por más que los de alrededor intentemos valorar.

Porque se sienten ignoradas cuando no son llamadas a participar en la vida del centro, cuando sus propuestas no se escuchan, cuando su voz molesta más que aporta.

Porque cargan con miedos diarios: ¿estará bien?, ¿será atendido?, ¿comprenderán sus señales?, ¿lo respetarán?

Porque muchas veces tienen que actuar como portavoces, como terapeutas, como mediadoras, como defensoras legales... cuando solo quieren ser madres o padres.

Y porque se dan cuenta —más pronto que tarde— de que no todos están dispuestos a hacer el esfuerzo que su hijo necesita.

¿Por qué sufrimos los docentes?

Porque asumimos responsabilidades que muchas veces no nos corresponden, pero que abrazamos por compromiso y por amor.

Porque trabajamos horas extra, sin reconocimiento, con nuestros propios recursos, para que el aula funcione.

Porque mediamos, contenemos, adaptamos, defendemos... mientras nos sentimos solos, desbordados, y emocionalmente agotados.

Porque sostenemos familias que sufren, equipos que dudan en la mejor de las posiciones, o te ignoran o atacan en la peor. Porque sufrimos decisiones que se dilatan, inspecciones que no nos pueden atender por el volumen de trabajo y que, cuando nos atienden, y vuelve a aflorar en nosotros un atisbo de esperanza, volvemos a ser juzgados, fiscalizados y sobre todo de nuevo silenciados.

Porque ser maestra de un aula específica es como luchar a contracorriente sin chaleco salvavidas.

Porque no queremos ser heroínas, solo docentes con medios reales para hacer bien nuestro trabajo.

Y porque, a pesar de todo, seguimos viniendo cada día, a preparar cada actividad con mimo, el aula con nuestras manos, a mediar entre familias y equipos directivos. En definitiva, somos las que ponemos la cara, la voz y, muchas veces, la salud. Porque seguimos creyendo que cada niño merece ser atendido con dignidad, aunque las instituciones no siempre estén a la altura.

Este capítulo no es una denuncia vacía. Es una llamada. A la Consejería, a las Delegaciones, a los centros. A mirar con los ojos del corazón. Porque en nuestras aulas se juega algo más importante que un protocolo: se juega el derecho de cada alumno a sentirse parte, a ser amado, a aprender desde quien es.

Cambios reales para un futuro posible

A nivel autonómico:

- Creación de una red de formación continua y obligatoria en educación inclusiva y NEE para todos los niveles de responsabilidad: desde inspección hasta equipos directivos.

- Desarrollar o permitir modificar el currículo a la realidad educativa, práctica, sobre todo, que permita ofrecer ese perfil competencial que tanto aboga la legislación actual estatal.

- Establecimiento de protocolos de urgencia para la dotación inmediata de recursos materiales y humanos a las aulas específicas y ordinarias, solo así tendremos la posibilidad de realizar inclusión real.

- Mayor presencia y seguimiento del alumnado con NEE en los planes, proyectos educativos y legislativos de educación de la Junta.

- Sistemas informáticos como Séneca o incluso aplicaciones educativas públicas que permitan al alumnado y, sobre todo, al profesorado poderlas usar y ajustar a su realidad docente.

A nivel provincial (Delegación):

- Refuerzo de los equipos específicos de atención a la diversidad con personal suficiente y especializado.

- Establecimiento de cauces ágiles y eficaces para la resolución de conflictos entre centros, docentes y familias. Sobre todo hacerlos visibles, porque muchas veces ni siquiera somos conscientes de que existen, nadie nos habla de ellos. Y cómo en ocasiones el simple contacto telefónico se vuelve misión imposible.

- Visitas periódicas a los centros por parte de la inspección, con carácter de escucha activa, preventivo y de acompañamiento, no solo cuando hay problemas.

A nivel de centro educativo:

- Implicación real del equipo directivo en la vida del aula específica, garantizando su presencia, escucha activa y defensa ante situaciones adversas.

- Inclusión de la tutora del aula en las coordinaciones de ciclo y decisiones de centro que afecten directa o indirectamente a su alumnado.

- Sensibilización del claustro mediante formaciones internas, encuentros con familias y actividades compartidas que rompan el aislamiento del aula.

- Ofrecer transparencia y claridad a las familias.

- Escuchar propuestas de mejorar y valorarlas.

- Poner siempre por delante los intereses y necesidades de los alumnos.

Porque el cambio empieza por mirar de verdad, por entrar y compartir momentos en el aula, por dejar de hablar de inclusión como algo teórico y convertirlo en práctica viva.

Porque cada vez que el sistema responde, el aula respira. Y cuando el aula respira, nuestros niños y niñas comienzan a aprender.

Y bueno, no penséis que nosotros nos escapamos. **Como docentes debemos:**

- Seguir formándonos, porque siempre podemos mejorar. Porque cada niño es un universo nuevo que nos invita a aprender.

- Pedir ayuda cuando lo necesitamos, sin miedo ni culpa. El autocuidado también es una forma de cuidar a los demás.

- Crear redes entre iguales, compartir recursos, experiencias, frustraciones y alegrías. No estamos solas y solos.

- Reivindicar desde la empatía, desde el respeto y la firmeza. Porque ser docente también es ser agente de cambio.

Mi última intención con estas palabras es señalar a alguien. Solo pretendo que nos miremos todos. Y tengamos claro que cuando una sola pieza del engranaje educativo falla, quien lo sufre es el más vulnerable: nuestros niños y niñas. Además de otros muchos damnificados secundarios; la madre que llora en silencio en su coche, la maestra que sostiene sin que nadie lo haga, la dirección que no puede sobrellevar tanto trabajo, la inspección que empieza a comprobar que se avecina un problema mayor y que el simple hecho de remar ya no es suficiente.

Bueno, y en toda esta vorágine de curso educativo hemos convertido lo extraordinario en rutina. Y digo que hemos porque es innegable y ridículo finalizar este capítulo sin mencionar al personal que completa ese otro 50% que nuestras clases necesitan para funcionar y que cada vez se va a volver más real su presencia en los centros educativos si de verdad luchamos por una educación para todos.

Otro perfil oculto, pero pilar imprescindible

Hablar del perfil de los/as PTIS (Personal Técnico de Integración Social) en un aula específica es hablar de una figura tan esencial como silenciosa, de esas personas que sostienen sin ruido, que conocen sin manuales y que hacen posible lo imposible cada día. Sin embargo, su presencia sigue estando oculta o infravalorada.

En muchas ocasiones, no están en las reuniones, se les margina en la toma de decisiones o se les limita a tareas instrumentales, sin valorar su imprescindible dimensión emocional, relacional y educativa.

Ellos y ellas son quienes:

- Regulan crisis, sin en ocasiones disponer de formación oficial, solo con su propia vivencia personal, intuición, paciencia y empatía, que a mi parecer es mucho más poderosa que la formación.

- Anticipan necesidades que nadie más ha detectado.

- Ofrecen calma, cuerpo, seguridad física y emocional.

- Están siempre, incluso cuando nadie más lo está.

- Son quienes nos permiten intentar atender aspectos pedagógico mientras alguien abraza, acompaña o calma.

El/la PTIS no "acompaña", como si fuera una sombra, está presente y vinculado. Es agente activo del aprendizaje y del bienestar. Participa, se implica, propone, sostiene.

Muchas veces, son la persona de referencia para el alumnado: quien conoce sus gestos, su historia, sus crisis y sus formas de decir "ayúdame" sin palabras, mientras que nosotros viajamos de aula en aula.

¿Y si mañana faltaran?

Su ausencia, cuando se produce, no se compensa con nada. Porque su valor no es solo funcional. Es humano, afectivo y pedagógico.

Es hora de que:

- Sean reconocidos como parte del equipo educativo, con voz y presencia en las decisiones del aula.

- Reciban formación específica y continua adaptada a las realidades de las aulas específicas. Se valore y se pague su trabajo.

- Se garantice su estabilidad en el centro, para que los vínculos que crean no se rompan curso tras curso.

- Se respete su jornada, su rol y su cuidado emocional, porque sostener también agota.

En mi aula, mi PTIS no es una figura auxiliar: es, ha sido y será mi aliada. Es mi espejo en los días duros. Es la mirada que muchas veces se adelanta a la mía. Y sobre todo, es quien me acompaña en la práctica diaria de lo que a veces parece más magia educativa que docencia.

Y sí, ambas hemos aprendido este curso a improvisar sin medios, mediar sin red, aguantar sin descanso. Pero tengo claro que la educación inclusiva no puede depender de la buena voluntad ni de la heroicidad de unas pocas. Debe ser un compromiso de todos.

Soñamos con escuelas que abracen, que entiendan, que actúen. Escuelas donde las aulas específicas no sean trincheras, sino puentes. Donde cada alumno tenga un lugar, un nombre y un futuro posible.

Tal vez no podamos cambiarlo todo hoy. Pero podemos alzar la voz, nombrar lo que duele y seguir caminando.

Porque educar, a pesar de todo, sigue siendo uno de los actos más hermosos y necesarios de nuestra humanidad.

Os dejo con su propio *testimonio* para que podáis comprobar cómo de real es todo lo expresado.

Este ha sido mi primer año como PTIS, mi primera toma de contacto con mi "Aula Mágica", porque así lo sentí desde el primer día, fue maravillosa. Un aula que, como su nombre indica, está llena de magia, donde prevalece el amor y el respeto.

No hay nada más bonito y gratificante que ver los avances de cada día. Ahora llegado el final de curso, se hace latente el cambio, no solo en el ámbito académico, sino en otras áreas igual de importantes como la autonomía personal, intereses, comportamiento, expresión de emociones, hábitos y un sinfín de retos conseguidos.

Este año me voy con el corazón lleno, agradecida a mis niños y a su tutora. Hoy día, mi gran compañera y amiga, ella me ha enseñado grandes y valiosas lecciones de vida en corto tiempo y por supuesto, también agradecida a las familias. Con ellas hemos creado una gran familia desde el primer día.

Y por último, y con respecto al sistema educativo y el centro en sí, me voy con un sentimiento en el que me invade la tristeza. No sabría explicar bien mi desconcierto, pero en líneas generales he vivido una realidad muy diferente a lo que yo me imaginaba que sería con respecto a su funcionamiento.

En el día a día, he podido ver cómo al alumnado NEE se le impone adaptarse al centro, y no lo contrario, siendo el centro el que debería de adaptarse a él debidamente, a sus necesidades y ayudarlo a desarrollarse de manera adecuada de sus capacidades.

Tengo la sensación de que a eso que llamamos "inclusión educativa" y que tanto escuchamos en la oferta de los centros educativos, por lo bien que suena, está lejos de llegar a nuestro día a día en los centros educativos.

Lamentablemente esta ha sido mi realidad, junto a una notable falta de apoyo y de recursos adecuados a las necesidades que esta aula requiere. Por todo ello, espero que esta situación cambie y así poder destruir las barreras que aún se nos presentan, que son muchas.

Y dentro de la realidad viva del aula, nuestra PTIS tuvo que ausentarse por una preciosa razón: estaba embarazada. Quienes conocéis el ritmo, los retos y el trajín diario de nuestra aula sabéis bien que no podía en ese estado aguantar mucho. Por lo que durante todo el último trimestre, nos acompañó otra PTIS, igual de profesional, igual de incansable... quizá incluso un poquito más, porque sabía —por experiencia propia— que en un aula como la nuestra, o eres constante... o los avances no llegan. No podía cerrar este capítulo sin agradecer su entrega, su implicación y todo lo que aportó a nuestros niños. Por eso, también os comparto su ***testimonio***.

Desde que llegué al aula mágica, me he sentido profundamente agradecida de poder trabajar con niños como mi hijo. Me lo he llevado todo a casa: sus risas, sus avances, sus rabietas, sus luchas... todo. Estar cerca de su tutora, me ha hecho cerciorarme aún más de lo difícil que familias como la mía o las de mis niños del aula, tenemos el propio día a día.

En cuanto al sistema educativo... ojalá algún día esté a la altura. Ojalá se conciencie, ojalá se forme, ojalá haya más empatía, más medios, más comprensión. Porque no es justo que las ayudas acaben a los seis años. No es justo que el futuro de un niño dependa del dinero de su familia. La inclusión no puede ser un privilegio. Debe ser un derecho. Y para eso, necesitamos un cambio real.

Y es que estos compañeros/as tienen tan claro como nosotros/as que **enseñar en un aula específica es mirar lo invisible, sostener con fuerza y celebrar lo que otros no ven.**

3

Familias que solo piden
ser escuchadas

Las familias de un aula específica no vienen con la mochila vacía. Llegan cargadas de visitas médicas, informes, diagnósticos, miedos, lágrimas y una esperanza frágil que muchas veces ya ha sido quebrada. No son familias débiles: son fuertes de tanto luchar, valientes de tanto caer y levantarse. Pero están cansadas. Están dolidas. Y necesitan que, por fin, alguien las escuche de verdad.

Cuando una familia entra en el aula por primera vez, no busca milagros. Busca humanidad. Busca confianza. Busca saber que su hijo o hija va a estar bien. Que va a ser respetado. Que va a ser querido.

En demasiadas ocasiones, han tenido que defender sus derechos frente a quienes deberían haberlos garantizado. Se han tenido que aprender la normativa, han llamado a Delegación, han redactado escritos, han llorado frente a inspectores, han tocado puertas que nunca se abrieron. Y cuando por fin se sientan frente a una maestra que las mira a los ojos y les dice: "Voy a cuidar de vuestro pequeño como si fuera mi propio hijo", algo en ellas se rompe. Y se reconstruye.

Porque ser madre o padre de un niño con NEE implica sostenerse cada día en una cuerda floja: entre lo que debería ser y lo que realmente es. Implica soportar miradas, silencios, comentarios fuera de lugar. Implica renunciar a trabajos, a sueños, a descansos. Implica estar alerta siempre. Y a pesar de todo, seguir creyendo que su hijo o hija tendrá, porque merece, una infancia feliz.

En este capítulo, quiero hablar de ellas. De las familias que nos abrazan cuando tambaleamos. De las que me confiaron lo más valioso. De las que me defendieron cuando nadie más lo hizo. De las que, sin quererlo, también se convirtieron en mi red.

¿Quiénes son nuestras familias?

Las familias de nuestros niños y niñas no son todas iguales, pero comparten una realidad profunda: la de haberse reinventado muchas veces para seguir adelante.

Las madres...

Suelen ser el primer pilar. Las que notaron "algo" cuando nadie más lo veía. Las que buscaron respuestas mientras escuchaban frases vacías: "ya hablará", "es muy independiente", "eso es cosa de padres primerizos".

Son madres que han recorrido pasillos de hospitales, gabinetes privados y reuniones interminables. Que han llorado en el coche para que su hijo no la viera derrumbarse. Que han aprendido de psicología, logopedia, legislación y neurociencia sin haberlo pedido. Y, aún así, siguen mirando con ternura, con coraje y con una dignidad que emociona.

"Madres que se han hecho fuertes a base de amar más allá del dolor."

Los padres...

A veces tardan más en aceptar el diagnóstico, otras veces son los primeros en sostener. Muchos viven el duelo en silencio, intentando ser fuertes, sin espacio para verbalizar sus emociones.

Son padres que trabajan doble para pagar terapias. Que se emocionan cuando su hijo dice "papá" por primera vez a los siete años. Que preguntan con voz temblorosa si hoy ha tenido un buen día. Que muchas veces no lloran, pero se quiebran por dentro.

Los hermanos y hermanas...

Los hermanos mayores aprenden pronto a crecer.

Asumen sin saberlo un rol de protectores, de mediadores, de intérpretes del mundo. Son quienes entienden mejor que nadie lo que necesita su hermano sin necesidad de palabras. Pero también son quienes a veces necesitan ser mirados, cuidados, escuchados.

Los hermanos pequeños aprenden a convivir con rutinas diferentes, con respuestas inesperadas, con una vida que no siempre encaja en lo común. Crecen con una sensibilidad especial. Pero también pueden sentir celos, rabia o miedo, y necesitan espacios donde sentirse igualmente importantes.

Los tutores de centros de menores...

Algunos de nuestros alumnos puede ser que no vivan con sus familias biológicas. Tienen referentes institucionales que los cuidan con entrega, pero también con límites estructurales. Esos tutores —educadores sociales, trabajadores, psicólogos, directores de centros— hacen malabares con horarios, informes, desplazamientos y emociones que no son propias, pero que también les duelen.

No siempre pueden acudir a tutorías. No siempre tienen tiempo para abrazar el proceso. Pero hacen lo que pueden, y a veces, ese "lo que pueden" lo es todo para ese niño.

Una familia es...

Un grupo de personas unidas que no eligió esta batalla, pero que la lucha cada día. Que se levanta antes que el mundo y se acuesta cuando todos ya han cerrado los ojos.

Que vive con el corazón dividido entre la aceptación y la esperanza. Es una familia valiente.

Y si algo nos enseñan es que, con una mirada que comprenda, con una voz que calme, con una mano que acompañe... todo duele un poco menos.

Pero, ¿qué pasa cuando el sistema falla?

Cuando el sistema falla, cuando la dirección se desentiende, cuando los apoyos no llegan, muchas veces son las familias quienes sostienen también a la maestra. Con un mensaje. Con una mirada. Con una verdad dicha en alto.

Y aunque a veces también haya tensión, dolor o desencuentros, siempre hay algo más profundo que nos une: el deseo de que sus hijos estén bien. El compromiso de no rendirnos. La certeza de que, al final del día, todas luchamos por lo mismo.

Ser maestra de un aula específica no es solo trabajar con niños. Es trabajar con sus familias. Con su historia. Con su duelo. Con su esperanza. Y es entender que escucharlas no es una opción: es una responsabilidad.

Porque cuando una familia es escuchada, se relaja. Confía. Colabora. Y, lo más importante: sana.

Y es que durante la elaboración de este libro, incluso me atrevería a deciros que, durante el propio curso escolar, han sido innumerables las veces que me he preguntado si podríamos dejar de lado los reproches, el ruido, el miedo... y simplemente reconocernos.

Y escuchando a Paula Koops estas tardes de verano mientras intentaba darle sentido a todos mis sentimientos he cantado una canción que aunque ha sido versionada actualmente, todos conocemos: **¿Por qué no ser amigos?**

Y tristemente entiendo que si una canción que fué lanzada en 2005 diciendo verdades tan absolutas como: *¿Por qué odiar al diferente si no es como los demás?* Cuando todos somos gente nada más. Es porque es algo más común de lo que nos pensamos.

Y no entiendo por qué no queremos todos lo mismo: que nuestros niños estén bien. Que los quiera. Que los escuche. Como lo hacemos con los demás.

¿Por qué no ser amigos, estar unidos... con voluntad,
empezando por amar y respetar a los demás.

4

El aula como trinchera emocional

Nadie te prepara para lo que supone sostener emocionalmente un aula específica. Nadie te dice que, además de programar, adaptar y enseñar, vas a tener que ser escudo, refugio, voz, mediadora y pañuelo.

Hay días en los que el aula no parece una clase: parece una trinchera emocional. Un lugar donde los gritos no vienen del enfado, sino del miedo. Donde las crisis no son berrinches, sino peticiones desesperadas de ayuda. Donde una maestra da mucho más de lo que tiene porque siente que no puede hacer otra cosa.

El desgaste mental y físico es real. No se trata solo del cansancio de final de jornada. Se trata del peso de sentir que no llegas a todo, que das y das pero los recursos no alcanzan, que cada pequeño logro lo celebras casi sola, y que las crisis se multiplican cuando nadie está mirando.

Nadie entiende la culpa que te generas a ti misma cuando, durante una jornada o, incluso, durante un milisegundo, simplemente quieres irte a casa. De la angustia que te provoca pensar que no has sabido calmar la rabieta lo suficientemente bien. Del dolor de ver cómo tus niños necesitan mucho más de lo que puedes ofrecerles, en algunos casos, hasta un simple hogar. Y, para colmo, ya solo me queda añadir, a todo eso, esa sensación brutal de soledad dentro de un claustro formado por compañeros y compañeras que, desde el marco legal, tienen la obligación de proteger, desarrollar y trabajar la inclusión.

Este año ha sido realmente duro. Como os comentaba al inicio, el curso no empezaba de la mejor manera, aunque mi personalidad me hiciera pensar que con amor, empatía y constancia todo podía transformarse.

Para poder, gestionar emocionalmente mi día a día de mujer, mama, PT y preparadora de oposiciones, practico deporte. Durante el mes de noviembre, en mi última competición, sufrí una caída y tuve que ser intervenida.

Una operación, una baja, y el miedo —silencioso, pero real— de que todo lo construido se desvaneciera.

Volví en pocos meses con fuerza. O eso creía. Pero la realidad fue otra: más árida, más tensa, más fría. Las grietas que ya existían se habían agrandado. Las relaciones estaban erosionadas. Las decisiones, enquistadas. Y el aula —mi aula mágica— estaba llena de una energía que dolía más que ayudaba.

Intenté mediar. Intenté hablar. Intenté no romperme durante un tiempo. Pero la soledad pesaba. Y el dolor, también. Me sentía invisible. Como si gritar desde dentro no fuese suficiente. Como si hablar de inclusión incomodara. Como si luchar por los derechos de mis alumnos resultara molesto.

En ese contexto, escribí. A mis familias. A mis compañeros. No para culpar. No para atacar. Solo para salir del silencio en el que sentía que me encontraba y que impedía que mis compañeros quisieran o supieran como ayudarme. Y que mis familias entendieran que, aunque no se lo dijera, seguía luchando en el cole por sus hijos, por sus derechos, por acciones que no tenían a mi parecer mucha justificación y que estaban en nuestra mano ir mejorando, para que las pasadas no volvieran a ocurrir y que las que estaban por venir se pudieran resolver lo mejor posible.

Lo que hice en ese momento del curso no fue muy diferente de esto: querer dejar constancia de errores que se pueden mejorar solo con estar dispuestos a hacerlo.

Porque, aunque dolió y duele aún, aunque me agotó y todavía necesito recuperarme, aunque me quitó muchas cosas que aún no he retomado... también me reafirmó. Me recordó por qué estoy aquí. Me enseñó de nuevo que el aula no es un lugar cualquiera. Es trinchera, es nido, es batalla, es abrazo.

Y que las maestras que estamos dentro no necesitamos palmaditas, ni medallas, ni homenajes. Solo necesitamos un equipo que escuche. Una dirección que acompañe. Una inspección que actúe. Y una comunidad que entienda que la verdadera inclusión se construye con hechos, no con intenciones. Y lo más real de todo, es que hoy me ha tocado a mí, pero que en cualquier momento puede afectaros a cualquiera de vosotros.

Gracias a quienes me creyeron. A quienes me apoyaron, a quienes me tendieron una mano cuando yo creía que no podía más, pude sacar fuerzas y cambiar el dolor en reafirmación.

Soy maestra. De las que no se rinden.

Me ha costado entender que cuidarme también era cuidarles. Que no soy peor maestra por poner límites. Que puedo llorar y también seguir siendo fuerte. Que hay que parar antes de romperse.

En medio de todo ese caos, también nace la resiliencia. Esa fuerza que no viene de la teoría, sino del corazón. Del día a día. De ver una pequeña mirada de complicidad en mi PTIS, un simple "te comprendo Rocío", un "hoy ha sido un buen día" que se pronuncia casi como un milagro.

Me mantuve firme por dentro, aunque yo supiera que las entradas al aula o acercamientos de algún compañero me iban a hacer temblar. Porque ellos me necesitaban de pie.

Necesité mucha ternura en mi hogar, de mucha comprensión por parte de mi marido y mis hijos que veían y sentían a una mujer y mamá diferente, cansada, enfadada. En ese momento solo sentía que el mundo me hablaba con exigencia.

Decidí ir día a día y seguir algunas estrategias humildes pero poderosas:

- Respirar antes de entrar al aula, ante cualquier rabieta, mordisco o pellizco.
- Apoyarme en quien sí me miraba con complicidad.
- Llorar en casa y luego volver a empezar.
- Escribir, para no olvidar.
- Agradecer hasta los días grises.

Y claro, ahora he pensado que una trinchera no es solo un lugar de batalla: es también un lugar de resistencia. Porque a veces basta con no rendirse para seguir construyendo. Porque, aunque nadie lo diga, **estar al frente de un aula específica es un acto diario de valentía silenciosa.**

Pero, me pregunto si: ¿estamos obviando el desgaste emocional de los docentes?

La salud mental de los docentes en España está al límite. En 2023, un 52 % de los profesionales se identificaban con frases del tipo "vivo mi trabajo con desilusión" o "estoy cansado de tantos

problemas", frente al 7 % de 2007. **En Andalucía, aunque no hay datos autonómicos específicos, los informes nacionales apuntan a cifras similares: un 37 % de maestros sufre agotamiento y un 39 % ansiedad o depresión.**

Mi sensación personal es que somos muchos más los que nos encontramos en esta situación, al menos de agotamiento.

Según Maslach, el síndrome del **"docente quemado"** se define por tres señales principales:

1. Agotamiento emocional — Sensación constante de desgaste y cansancio.

2. Cinismo o despersonalización — Actitud distante, a veces sarcástica, frente al entorno.

3. Reducción del logro personal — Sensación de ineficacia profesional, desconexión de tu vocación.

Y claro, este síndrome afecta tanto al ánimo como al cuerpo, provocándonos: problemas de sueño, cefaleas, dolor intestinal, irritabilidad, ansiedad y, en el peor de los casos, depresión.

Es fundamental que todos estemos alerta ante posibles señales como:

• Irritabilidad

• Aumento inexplicable del cansancio, aunque duermas bien.

• Pensamientos negativos constantes ("¿cómo voy a seguir?").

• Cambios en el apetito o conductas de evitación (bajas frecuentes).

• Síntomas físicos repetitivos: insomnio, dolores, malestares.

Si te encuentras en estas situaciones, es fundamental:

1. Pon límite y descansa

2. Organiza micro pausas (respira, estira) y macro (tómate un rato del día únicamente para ti).

3. Comparte y conecta

4. No cargues sola/solo. Habla con compañeras o grupos de apoyo; localiza tu escudo personal.

5. Cuida tu cuerpo primero

6. Haz ejercicio suave y duerme bien. El cuerpo lo acusa todo.

7. Observa tus pensamientos

8. Si notas que la negatividad o la culpa te atrapan, para. Haz una pausa y respira.

9. Pide ayuda profesional si lo necesitas

10. El mindfulness no es un lujo, es nuestro gran aliado. Con una simple meditación guiada a través de plataformas como Youtube, que tan solo te llevan de 5 a 10 minutos, te permitirán comprobar cómo reduces tu estrés, ansiedad, mejorará tu atención y concentración y así podrás comenzar a regular tu estado emocional y con ello tu bienestar general.

Porque sí, el aula puede ser una trinchera... pero también puede ser un faro, un lugar donde el caos no anula la magia, donde el cansancio no entierra el propósito, y donde una maestra que se rompe, también se reconstruye.

He comprendido que no se trata de ser invencible, sino humana. Que mi fuerza no está en no caer, sino en levantarme con dignidad, una y otra vez, por ellos y por mí. Porque los niños y niñas que están en estas aulas no necesitan heroínas sin grietas, sino personas reales que les miren con ternura, que les abracen con paciencia, que les enseñen con amor... aunque a veces también lloren de frustración o rabia cuando sienten que el sistema no acompaña.

Este capítulo no pretende ser una queja, sino un grito de honestidad, una invitación a mirar hacia dentro y también hacia el costado. A vernos, escucharnos, sostenernos.

Porque ninguna inclusión es real si una sola maestra tiene que sostenerla a solas.

Quizá mañana vuelva a tener un día duro. Quizá vuelva a dudar, a sentir que no puedo más. Pero entonces recordaré que la resiliencia no se encuentra en las grandes frases, sino en pequeños actos diarios: entrar al aula aun rota y volver a empezar. No rendirse.

Y si tú que estás leyendo esto alguna vez te has sentido así —agotada, invisible, sobrepasada—, solo quiero decirte que no estás sola. A mí me ayudo el apoyo incondicional de los míos y como no, escuchar a Manuel Carrasco y su: **tengo el poder.**

No porque fuera invencible, sino porque me sostenía cada día con lo poco que me quedaba.

Sé que somos muchas y muchos los que cada mañana respiramos hondo antes de abrir la puerta del aula. Así que solo quiero decirte:

-   Que no estás fallando por cansarte.

-   Que lo estás haciendo bien.

-   Que estar agotada no te hace menos profesional.

-   Que poner límites también es profesional y necesario.

Y que este libro, en parte, es por ti. Para ti. Para que nunca más tengas que sentir que tu trinchera se sostiene en soledad.

Seguimos.

Porque educar desde el amor —incluso cuando duele— sigue siendo el acto más valiente del mundo.

5

Ellos, mis niños. Mi razón.

Hay días en los que todo parece tambalearse: la vocación, la energía, la esperanza. Y, sin embargo, siempre hay algo —o mejor dicho, alguien— que me vuelve a centrar, que me recuerda por qué sigo ahí, incluso cuando no puedo más.

Ellos.

Mis niños.

Los que me miran sin filtros. Los que confían en mí, incluso cuando yo dudo de mí misma. Los que no entienden de burocracias, protocolos, ni claustros tensos. Los que solo necesitan amor, seguridad, presencia y esa mirada que les dice: "Estoy aquí."

Este capítulo no está escrito con la cabeza. Está escrito con el corazón, mientras que mantengo en mi cara una sonrisa de oreja a oreja por recuerdos de momentos vividos. Porque en medio del ruido, de la tensión, de la soledad... ellos han sido mi refugio, mi motor, mi cable a tierra, mi impulso para no tirar la toalla.

Ojalá y no estéis esperando que hable de diagnósticos, informes o valoraciones pedagógicas, porque os voy a decepcionar. En este capítulo solo quiero hablaros de lo que no sale en ningún dictamen: de esa información que solo compartir tiempo con ellos te regala, a través de miradas que romperían muros de piedra, de silencios que me cuentan las historias más bonitas que jamás he leído, de abrazos que transmiten más que cuando despegas en avión y sobrevuelas un país por encima de las nubes.

Ellos no lo saben, pero cada vez que alguno superaba un desafío este año, me regalaba una victoria aún más especial que la que consigo sentir cuando acabo un triatlón.

Así que hoy os quiero presentar... a mis niños. Unos niños únicos, valientes, brillantes... y absolutamente transformadores.

Porque, al final de todo, no es lo que yo les haya dado a ellos, sino lo que ellos me han regalado a mí.

Mi entomólogo favorito

Hay niños que corren al balón. Otros a los soportales para bailar o jugar con los juegos que el centro ha adquirido para impulsar los recreos inclusivos, aunque, contradictoriamente se sigan manteniendo los patios diferenciados por etapa y ciclo educativo, sin posibilidad de mezclarse. Otros simplemente pasean y se comentan los chismes del día, sobre todo las chicas. Y él corre a explorar los arriates.

En cuanto sus pies pisan el patio, sus ojos se agachan buscando vida diminuta entre las grietas del suelo. Con una concentración que ya quisieran muchos adultos, se convierte en un verdadero explorador de cuatro patas: sigue el rastro de las hormigas, espía con cuidado el movimiento de los bichitos que habitan las esquinas, arriates o en los bajantes del tejado, y si encuentra un insecto nuevo, lo contempla como si acabara de descubrir un tesoro escondido.

Pero su mirada curiosa no se queda en el patio. La lleva consigo al aula, donde la rutina se ha convertido en su lugar seguro. El juego libre es su escenario favorito. Aunque otras rutinas han ido posicionándose durante el curso también en las primeras posiciones como la asamblea. No solo la sigue, la deletrea con mimo o la nombra en dos idiomas, sino que nos ha llegado a expresar por su cuenta sentimientos e inquietudes que tenía. Aquí, las palabras le hacen de brújula y, a través del abecedario, va construyendo su propio mapa del lenguaje. Una palabra le lleva a otra, y otra más... como si cada letra escondiera un pequeño insecto por descubrir.

Su progreso es de esos que no hacen ruido, pero que cuando te das cuenta... ya ha volado.

Con 5 años recién cumplidos, hemos conseguido finalizar el curso leyendo y avanzando en la escritura, aunque su lateralidad no está clara y sea lo que menos le gusta. Él lo intenta, lo repite, lo consigue. Porque está hecho de constancia, de silenciosa determinación.

Para las necesidades de baño ya avisa, se sienta, espera. En el desayuno se defiende solo... aunque me he quedado con las ganas de que comiera algo diferente al repertorio que solía tener.

El momento de relajación ha sido de mis momentos más mágicos para disfrutar de él (de todos en general). Fue de los que más le costó coger la rutina pero el meternos en nuestra cueva imaginaria (una tienda Tipi de mis hijos) le hizo situarse y empezar a disfrutar del momento. Y con esa tienda, una mirada, una compañía tranquila le bastaba para entregarse a la calma.

Tiene muchas cosas que emociona, pero su sensibilidad, y rapidez de aprendizaje es lo que más me ha hecho alucinar durante el curso.

Imita lo que ve. A veces, mejor. A veces, peor. Pero incluso en eso, está aprendiendo. Aprende a leer las emociones, a expresar las suyas, a relatar pedacitos de sus tardes. Sus rabietas se han hecho menos frecuentes, sus frustraciones menos intensas. Y cuando confía —y confía cada vez más— te regala pequeñas conversaciones que son verdaderas joyas.

Sus integraciones han sido luz: encaja, observa, copia, interactúa. Desde luego es un alumno que quiere pertenecer, que lo hará más pronto que tarde.

Y así, mientras le he visto caminar por el patio, a veces solo, otras acompañado, me he dado cuenta de que mi entomólogo favorito no necesita grandes alas para volar. Le basta con su mirada atenta, su corazón tenaz y su amor por los detalles pequeños... esos que los demás a veces no ven, pero que él convierte en ciencia, en juego, en vida.

Mi inspector gastronómico

Hay niños que hablan con palabras. Con él he conseguido que dialogara mientras esperábamos su mejor momento del día, la degustación de los alimentos con los mejores sabores que su madre con mucho amor le preparaba cada día.

Cuando llega el desayuno, su cara se enciende como si acabara de entrar en la cocina de sus sueños. El yogur se convierte en un cuento, la cuchara en una varita mágica, y cada bocado... es un gesto de confianza. En su mundo, la comida no solo alimenta el cuerpo, también calma el alma.

Aunque tiene cinco años, a veces su caminar tiende a parecerse a los tiernos pasos de los dos. Pero esos pasos son decididos. Lentamente firmes. Los da entre apoyos visuales, rutinas predecibles y la ternura de quienes le rodeamos, y cada uno es una conquista silenciosa. No tiene muchas palabras —algunas suenan como ecos, otras como soplos—, pero tiene gestos que dicen más que mil frases, miradas que suplican ayuda, y sonrisas que celebran una pequeña victoria como si fuera un banquete.

Hemos encontrado en Asterigrid, un comunicador como si de la mejor carta de un restaurante con cinco estrellas Michelin se tratase. Siempre colgada de su cuello, con elecciones que a veces acierta, y otras simplemente le sirven para decirnos: "Estoy aquí. Escúchame, aunque no hable como tú." A veces señala. A veces vocaliza. A veces grita, muerde, pellizca... porque cuando el lenguaje no fluye, la frustración duele como el hambre. Pero está aprendiendo. Y nosotros, sin duda, también hemos tenido que aprender con él.

La autonomía se le va abriendo poco a poco como una ventana. Disfruta de los sabores, las texturas y de nuestros rituales.

En el aula, necesita estructura, anticipación, refuerzo, comprensión. Le gustan las tareas digitales, las actividades manipulativas, las sesiones de relajación que le calman cuando todo lo demás le sobrecarga.

El timbre del patio le duele como una espina de pescado en la garganta. El esfuerzo físico a veces se le hace bola. Pero cuando todo encaja, de repente brilla. Y no necesita grandes logros: un encajable bien hecho, una secuencia completada, un pictograma elegido con sentido... son sus micromilagros diarios.

Tiene una familia que lo abraza sin condiciones. Un equipo alrededor que busca sin descanso cómo hacerle la vida más accesible. Aunque sabemos que no es esa pieza que encaja en el molde, sabemos que es el que da sentido a todo el puzle cuando encuentras su lugar. Y cuando lo encuentras, es imposible no enamorarte de él.

Con otros niños, comparte espacio. A veces ríe. A veces se enfada. A veces imita conductas sencillas, y otras se pierde en su mundo de letras, pelotas, coches y números. Su cuerpo aún no corre como los demás, pero lo intenta. Sus dedos aún no sostienen con soltura, pero prueban. Cada día nos enseña que no hay que correr para llegar lejos. Que no hay que hablar para decir verdades profundas. Y que no hay que ser como los demás para ser único, valioso y necesario.

Mi inspector gastronómico aún no ha encontrado la receta perfecta para calmarse, pero lo conseguirá. Con paciencia, con ingredientes nuevos, con tiempo. Como se hacen los mejores platos. Como se crían los corazones más fuertes.

Porque él, mi inspector de los sentidos, no necesita estrellas Michelin.

Él ya es una.

Mi bailarín empedernido

Él no camina, baila.

A veces con los pies. A veces con la mirada. A veces con sus pensamientos, que dan vueltas como si siguieran el ritmo de una canción que solo él puede oír.

Desde que llegó, algo en él nos descolocó... con un equipaje invisible cargado de silencios, dudas y resiliencia, se ha llevado un trozo de nuestro corazón de por vida.

Desde el inicio no dejó descubrir que dentro de su aparente calma hay un niño con el alma llena de luz y pasos de baile que aún no se atreve a mostrar a todo el público.

Es un chico que habla poco ... a veces nada. Pero cuando canta, memoria y emoción se entrelazan como una coreografía perfecta. Tiene la capacidad de recordar letras, aprender rutinas, seguir consignas sin que apenas se note. Su razonamiento lógico brilla, su lectura asombra, su manera de resolver sorprende, a través de las canciones, del movimiento, de los gestos que lo dicen todo sin decir nada.

A veces toma tu mano, o el brazo como si de un abuelito se tratase, en silencio, como quien no quiere molestar... pero necesita ser acompañado. Le cuesta pedir ayuda, le cuesta mirar de frente, pero nunca le ha costado entregarse al ritmo de lo que le emociona. El inglés lo motiva, la música lo transforma, y las rutinas le dan seguridad. Donde otros ven un niño que no habla, yo veo a un alumno que lo dice todo cuando confía. Y cuando confía... se queda. Y cuando se queda... crece.

Regula sus frustraciones mejor de lo que esperábamos, y tiene una forma muy suya de expresar cariño: se acerca, te observa, sonríe con los ojos Y TE ABRAZA. Tiene una autonomía impecable, una motricidad ágil, un gusto exigente por la tecnología y un enorme respeto por el aula cuando las cosas están claras.

Aunque a veces su cuerpo lo lleva por el aula como si no supiera parar, siempre vuelve. Vuelve al sitio, al vínculo, a la calma. Vuelve a nosotros. Porque su danza no es de huida, sino de exploración. Y en cada vuelta, cada intento, cada paso... nos regala una versión nueva de sí mismo.

Es un niño intenso, profundo, magnético.

Con cada mirada cruzada, solo me decía a mí misma: Oye, Ro, no hay mayor privilegio que ser el público en primera fila de su coreografía diaria.

Mi susurro delicado

Ella no entra en el aula, sino que se desliza.

Como un murmullo que atraviesa el aula y se acomoda en su rincón, sin hacer ruido, sin pedir nada.

Es nuestra única niña, y quizás por eso, o tal vez por su manera suave de habitar el mundo, su presencia tiene forma de susurro. Uno que hay que saber escuchar.

Tiene 11 años, pero en muchos momentos parece una adolescente preparada para vivir su vida y otras una flor que todavía no ha conseguido florecer. Su tono de voz apenas se oye, su cuerpo pide calma, y su timidez a veces esconde un universo de emociones que aún no ha aprendido del todo a mostrar. Nunca interrumpe, no molesta, no exige... y ahí está el reto: no dejar que se nos pierda entre el silencio.

Es educada, amable, obediente. Le gusta ayudar si se lo pides, pero difícilmente da el primer paso. A veces parece lejana, como si quisiera pasar desapercibida. Otras veces, sin embargo, se transforma: cuando dibuja, cuando habla de maquillaje, cuando nombra la ropa que le gusta o se emociona con algún vídeo. En esos momentos, asoma la niña que quiere ser, la que sueña, la que sí está.

Le cuesta sostener la atención, seguir el ritmo de trabajo, cumplir rutinas comunes. Pero cuando se le da su espacio, su tiempo y su manera, responde. Inicia palabras, completa tareas, y se suele esforzar. Todo con su ritmo. Todo en voz bajita, pero firme.

No tiene miedo al grupo, pero no siempre se entrega. Sabe socializar, aunque le cuesta mantener el hilo. Le gusta integrarse, aunque no siempre saca provecho de esos momentos. El absentismo es un hilo que la desconecta, y duele pensar que su historia educativa pudiera apagarse por eso. Pero sigue viniendo. Y cada día que entra al aula es una pequeña victoria.

Ella tiene capacidad, tiene herramientas, tiene fondo. Le falta creer en ella. Le falta constancia. Le falta quizás alguien que, cuando su voz no se escuche, diga por ella: "yo te oigo igual".

Y en un mundo tan ruidoso, ella necesita aprender a que puede hacer que el mundo la oiga.

Y es que ellos no han sido solo mis alumnos.

Han sido los latidos de este libro.

Son la prueba de que, incluso cuando el sistema se tambalea, la vida sigue abriéndose paso con ternura.

Cada uno, a su manera, me ha recordado que educar no es moldear, sino acompañar. Que enseñar no es corregir, sino mirar con amor y esperar con paciencia.

A ellos les debo cada paso que di... incluso los más dolorosos. Porque mientras el mundo exigía resultados, ellos me enseñaban que el mayor logro es confiar.

Y yo confío. Porque si alguien merece que sigamos luchando, son ellos.

Avances pequeños, logros inmensos

Como sabéis, este curso ha sido una montaña rusa emocional, algo normalmente repetitivo en cualquier maestr@ y más si es un PT. Sin embargo, en medio de la incertidumbre, los conflictos, los silencios administrativos y las puertas que se cerraban... hubo algo que nunca dejó de hacerme disfrutar de mi vocación: los pequeños avances de mis niños.

En las aulas específicas, la pedagogía no se mide en notas, sino en gestos. En los primeros gestos de confianza que se dan sin miedo. En la mirada que por fin se sostiene unos segundos. En la calma que llega tras meses de tormenta. En el primer "sí" verbalizado. En un "no" con sentido. En una espera que antes era imposible. En una entrada al aula con confianza y prisa que antes era llanto.

Cada paso ha sido una conquista. Una revolución callada. Una celebración íntima que ocurría dentro de nuestras cuatro paredes, mientras el mundo parecía no mirar.

He visto cómo mis chicos me cambiaban la rutina establecida desde primera hora eligiendo un pictograma con total intención. He visto cómo se dejaban peinar mientras sonreían. He visto cómo compartían su juguete sin gritar. He visto tantas cosas que son difíciles de contabilizar.

Pero todos y cada uno de esos hechos que fuera de este contexto pueden parecer nimios, para nosotras han sido gigantes. Son logros de quienes cada día tienen que escalar montañas invisibles para los ojos de muchos. Y lo hacen sin aplausos. Sin pancartas. Solo con la guía, la paciencia y el amor de quienes creemos en ellos.

Y yo, que he visto sus caídas y sus despegues, puedo decir con orgullo que cada uno de sus avances ha valido todos los sacrificios, todas las reuniones tensas, todas las lágrimas y todos los silencios.

Porque no hay mayor recompensa que ver cómo, con tiempo, confianza y amor, florecen incluso las semillas más frágiles. Y lo hacen en tierra hostil. Pero florecen. Con una belleza que nadie podrá arrebatar.

Momentos que me hicieron seguir a pesar de todo

No es fácil escribir este apartado sin que se me encoja el pecho. Porque no hay metáfora suficiente que recoja lo que ha sido este curso.

Ha sido un huracán.
Una sacudida.

Una herida.

Un duelo.

Y también, una revelación.

He vivido situaciones que jamás imaginé que me tocarían como maestra. He sentido la soledad más cruda. El desprecio silencioso. La desconfianza injusta. He tenido que defender mi aula como si fuera una trinchera. He tenido que mendigar recursos, justificar decisiones, soportar que se cuestionara mi labor sin escucharla, sin conocerla.

Me rompí. Me vacié. Me agoté. Y sin embargo, seguí.

Seguí porque cuando mis niños me abrazaban después de una crisis, sabía que todo estaba valiendo la pena.

Seguí porque, aunque mis hijos me pedían que volviera a mi anterior destino, siempre estaban deseosos de escuchar durante la cena qué había pasado hoy en mi clase. Y, aunque me veían volver a casa agotada, ellos seguían viendo brillo en mis ojos cuando les contaba esas historias que más que unas rutinas diarias parecían magia.

Seguí cuando decidí escribir a Inspección. No por rebeldía, sino por dignidad. Por verdad. Porque callar era traicionarme a mí y a mis niños.

Seguí cuando solo unos pocos compañeros que se pueden contar, como bien me ha enseñado mi padre desde muy pequeña sobre los amigos, con los dedos de una mano, me escribieron tras abrirles mi alma. Porque esos pocos significaban que aún había humanidad en medio del silencio, aunque eso evidenciara aún más que seguir sin ser un centro común.

Seguí porque cada carta que escribí fue una forma de resistir con palabras. De no desaparecer.

Seguí porque sé que la inclusión no se proclama, se practica. Se defiende. Se construye. Y también se llora. Aunque te toque hacerlo ante un claustro incapaz de decir BASTA YA.

Y tenía muy claro que debía continuar el curso que viene. Pero durante mi último claustro, se me confirmó algo de lo que ya se me había informado previamente y es que, aun solicitando la continuidad y teniendo la suerte de volver a ese centro, la dirección no me permitiría seguir en el aula.

Sin razón, sin justificación pedagógica, sin tener en cuenta en ningún momento algo por lo que he comprobado en mi propia piel este curso que se ha olvidado, y es que:

TODOS LOS QUE RODEAMOS EL MUNDO DE LA EDUCACIÓN, DELEGADOS, INSPECCIÓN, DIRECCIÓN, PROFESORADO, ... ESTAMOS AHÍ POR ELLOS, POR NUESTROS NIÑOS.

Ellos deben ser nuestro principio y final ante cualquier decisión, hecho o acción.

Y es ahí cuando entendí que muchas veces el sistema no escucha, no observa, solo ejecuta.

6

¿Dónde están los apoyos?

En Andalucía, al igual que en el resto de comunidades españolas, hablar de inclusión ya no es una opción: es una obligación, legal, ética y social. Las aulas específicas y de inclusión han dejado de ser espacios marginales para convertirse en parte esencial del entramado educativo de nuestros centros ordinarios, al menos en papel. Sin embargo, entre los datos que se publican y la realidad que se vive en el aula hay una distancia que no siempre se quiere mirar de frente.

En los últimos años se está haciendo un esfuerzo visible en dotación de recursos humanos y materiales. Según informes oficiales y artículos de prensa, la Junta ha incorporado a más de 13.600 especialistas en atención a la diversidad, un 34 % más que en 2018. Hoy contamos con 2. 337 aulas específicas en centros ordinarios, lo que ha permitido que más del 87 % del alumnado con necesidades educativas especiales esté escolarizado en entornos inclusivos, superando la media estatal.

Los datos, sin duda, reflejan un compromiso creciente con la equidad educativa, cosa que refundo y certifico. Además, se han distribuido 91. 000 nuevos dispositivos digitales, se ha reforzado la plantilla de PTIS y se han creado nuevos programas de orientación e inclusión como: programa de Educación Inclusiva, PROA+ Transfórmate, Bienestar emocional, entre otros, que van saliendo cada año dado en incrementos de evaluaciones y llegada de más alumnado diverso, para mejorar la respuesta a la diversidad.

Pero hay algo que los datos no cuentan.

Siguen existiendo centros que no están preparados, con dos perfiles:

- De los que más me he encontrado han sido los que están dispuestos y deseando adaptarse, formarse y crear entornos inclusivos.

- Y, como me ha ocurrido este año, los que no quieren, entorpecen o casi obstaculizan que estos alumnos puedan tener iguales derechos y oportunidades que el resto.

Aunque la Junta mande lotes de material a las aulas, es cierto, que estos lotes son ridículos y que en la mayoría de ocasiones el aula la va formando el profesorado que pasa por ella año tras año, en mi caso, y creo que en el de la mayoría de mis compañer@s, con recursos personales de nuestras propias casas y, como no, económicos también.

Aun después del trabajo que esto requiere, y que no se contabiliza como horario laboral, puedes encontrarte con director@s que, como en mi caso, te soliciten que recojas todo el aula, todo lo que has creado, ese entorno que has preparado con mimo, trabajo, esfuerzo, para dejar el aula con paredes lisas, unos cuantos puzzles, algo de motricidad, una colchoneta y unos libros prestados por la biblioteca del centro.

Creo que cualquier profesor estará de acuerdo conmigo en que el entorno que preparamos año tras año para nuestros alumn@s es fundamental para el resultado final de su aprendizaje. Cuando hablamos de alumnos con NEE esto se vuelve una obligación, porque el hecho de cambiarles su entorno, es provocar en ellos crisis innecesarias.

Otro aspecto que no puede obviarse —porque condiciona absolutamente todo— es el de los recursos humanos, especialmente, el número de docentes especialistas en Pedagogía Terapéutica (PT), Audición y Lenguaje (AL), y Personal Técnico de Integración Social (PTIS) asignados a los centros.

Las cifras son claras, contundentes... y preocupantes.

En el perfil de PT de integración, hay compañer@s que atienden a más de 43 alumnos, todos ellos con necesidades específicas, diversos en edades, cursos, etapas y perfiles. Un volumen de intervención que desborda, que impide cualquier atención personalizada, que convierte al especialista en un bomber@ más que en un maestr@, apagando fuegos y sin poder sostener los procesos de inclusión con profundidad.

En el caso de las aulas específicas, aunque la ratio debería mantenerse entre 5 y 6 alumnos, hay provincias — como Cádiz— donde estos límites se superan, generando entornos sobrecargados, sin posibilidad de individualización, ni de atención emocional constante, ni de regulación del entorno según el perfil TEA o discapacidades motóricas, cognitivas o conductuales muy graves.

Y el caso más alarmante: el perfil de AL, muchas veces invisibilizado y tratado como un apoyo difuso, con censos de más de 50 alumnos. Ni con la mayor voluntad del mundo puede garantizarse el desarrollo de la competencia lingüística y comunicativa de un alumnado tan vulnerable cuando hay una sesión semanal por niño, o aún peor por grupo de alumnos. Estamos hablando de niños y niñas que tienen derecho a expresarse, a comprender, a participar. ¿Cómo puede trabajarse eso en turnos cronometrados de 20 minutos semanales o cada dos semanas? Incluyendo a ese tiempo el de desplazamiento.

Y entonces me pregunto: **¿cómo se puede intervenir con calidad educativa e inclusión real bajo estas condiciones?** La respuesta es clara. <u>No se puede.</u>

Se puede intervenir, sí. Se puede estar, entrar, apoyar puntualmente, adaptar en la medida de lo posible, tirar de experiencia y vocación. Pero eso no es inclusión real. Eso es "vestir el santo" constantemente. Por parte de los centros y en general de la Administración.

El principio de calidad educativa, recogido en la LOMLOE, no es un eslogan. Implica personal suficiente, estable, formado, con condiciones adecuadas de trabajo y con tiempo real para conocer, diseñar, acompañar, evaluar y reflexionar sobre su alumnado.

El principio de inclusión, base de nuestras escuelas democráticas, implica que no solo estén matriculados, sino que participen de forma activa, aprendan con sentido, se desarrollen con dignidad, se vinculen emocionalmente y puedan expresar sus talentos sin barreras estructurales.

Pero la calidad y la inclusión no pueden construirse cuando:

- Hay un solo AL para todo un centro de tres líneas.

- Un PT de integración tiene más alumnos que sesiones posibles en una semana.

- Un aula específica ya formada no tiene aula finalizada, está sin recursos, supera el límite máximo de ratio o no es vinculada a actividades del centro y documentos.

- Se planifican las integraciones/inclusiones "como se puede", no como se debe. Cuando tu centro te lo permite.

- Se exige justificar cada intervención, pero no se respeta el derecho de los niños a recibirla de forma regular, estable y significativa.

Por eso, esta reflexión no es una queja. Es una verdad. Una denuncia ética. Y sobre todo, una llamada urgente a la coherencia.

No se puede hablar de inclusión si se parte de la sobrecarga, de la precariedad y de la invisibilización del equipo específico. Porque no es cuestión de que queramos hacer más. Es que no se puede hacer más con menos.

Y mientras las ratios sigan desbordadas, mientras el personal se distribuya como recurso "complementario" y no como figura esencial, la inclusión será una palabra bonita escrita en los papeles... pero alejada de los pasillos, las aulas y los patios donde nuestros alumnos siguen esperando algo que debería ser suyo desde el primer día: tiempo, presencia, respeto y justicia educativa.

"No se puede hablar de inclusión real cuando hay un recurso específico (PT-AL-PTIS) para más de cuarenta historias distintas. La calidad educativa no se mide en discursos, se mide en tiempo, presencia y humanidad."

¿Qué significa ser docente de un aula específica?

Ser maestra de un aula específica sin ayuda es ser cuerpo, mente y corazón a jornada completa.

Es entrar cada mañana y saber que, pase lo que pase, todo depende de tu compañer@ PTIS y de ti: los pictogramas, las rutinas, las crisis, los abrazos, los pañales, las tareas, las lágrimas, las comidas, los silencios, los informes, las miradas.

Es ser cuidadora, mediadora, enfermera, psicóloga, intérprete, constructora de calma en medio del caos.

Es anticiparte a todo sin margen para el error, porque un error en estas aulas puede ser una regresión, una crisis, una ruptura del vínculo.

Es trabajar normalmente sin red. Sin nadie que sujete cuando tú también te caes.

Es sostener a cuatro, cinco o seis niños con realidades inmensas, sin apenas poder respirar entre una demanda y otra. Es no tener tiempo para tomar un café, para ir al baño, para levantar la cabeza y ver el día que hace fuera. Es salir al recreo y ver cómo tus compañeros se toman un descanso y socializan entre ellos y con alumnos diferentes a los suyos mientras tú sigues continuando con tu trabajo.

Es sentir que todo el amor del mundo no basta cuando lo que falta no es voluntad, sino manos.

Es darte cuenta de que tu entrega no se mide en horas, sino en desgaste.

Es volver a casa sabiendo que diste lo que no tenías, y aún así, sentir culpa por no haber llegado más lejos. Que tus hijos, pareja, familia y amigos, aunque comprendan tu estado, siguen necesitándote y no puedes estar.

Es mirarte al espejo y ver ojeras, cansancio, pero también dignidad.

Porque sí, ser maestra de un aula específica sin ayuda es doloroso, injusto, agotador.

Pero también es profundamente humano, profundamente transformador.

Es creer en cada niño cuando el sistema duda. Es sostener lo invisible.

Es hacer magia con las manos vacías.

7

Cuando educar se convierte en denuncia

Hay un momento —un punto de inflexión— en el que enseñar deja de ser solo transmitir conocimiento, acompañar procesos o diseñar materiales. Hay un instante en que educar se convierte, inevitablemente, en un acto de denuncia.

Cuando has sostenido un aula sin recursos, cuando has defendido a tu alumnado desde la soledad, cuando has sentido que el silencio institucional pesa más que el propio esfuerzo diario, entonces ya no puedes callar.

No por rebeldía.
No por ego.
No por desobediencia.
Sino por justicia.

Porque la educación es un derecho, no un favor. Y cuando ese derecho se vulnera —por acción u omisión —, no señalarlo es ser cómplice.

He comprendido, con el paso del tiempo, que mi forma de educar y enseñar también está marcada por mis orígenes. No me crié en cualquier entorno: me crié rodeada de justicia. Crecí entre conversaciones sobre derechos, principios, denuncias, tribunales.

Mi madre —jueza en alma y fiscal de profesión—, ya jubilada, fue Fiscal delegada de Violencia de Género en la Fiscalía de Jaén, y siempre me enseñó que hay silencios que duelen más que los gritos, y que la pasividad ante la injusticia también es una forma de violencia.

En casa, aprendí que los derechos de los más vulnerables no se negocian, que no se puede mirar hacia otro lado cuando hay víctimas sin opción a defensión.

Está claro que no son mujeres maltratadas con lo que nosotros tratamos a diario, pero mis menores han sido excluidos, ignorados o dañados por omisión.

Así que si hoy me alzo, si hoy escribo, si hoy digo lo que otros callan... no es solo por vocación educativa. Es porque me resulta imposible quedarme quieta cuando se vulnera la dignidad de mis niños. Porque la denuncia —cuando es desde el respeto y la verdad— también es una forma de cuidar.

Críticas constructivas al sistema

Este capítulo no nace del enfado. Nace de la esperanza de que algo puede y debe cambiar. Y por eso, quiero hablar con claridad y sin eufemismos sobre aquello que hoy impide que la inclusión sea real.

Tengo claro que el sistema no falla por falta de leyes, sino por falta de voluntad para aplicarlas. Tenemos decretos, órdenes y normativas que hablan de equidad, personalización y derechos... pero que muchas veces se quedan en los papeles.

Otro inconveniente son las ratios. Pretender que un PT de integración atienda a 43 alumnos, un PT de aula específica a 6 u 7 en el peor de los casos, alumnos con pluridiscapacidad o que un AL se reparta entre 50, es una vulneración silenciosa de derechos. Es cargar sobre las espaldas del docente una tarea imposible. Tanto física como mental.

Sin duda, otro problema es que las aulas específicas necesitan ser reconocidas como espacios educativos de alta complejidad. Y eso implica que no pueden depender de una sola persona. No se puede sostener una jornada completa con 5 o 6 alumnos con NEE, sin apoyos suficientes, sin descanso, sin relevo emocional.

Este año, más que nunca, he sufrido cómo la coordinación entre familias, equipos educativos, orientación y administración no puede improvisarse. Tiene que haber tiempo, protocolos claros y canales reales de escucha y acompañamiento, siempre valorando los consejos que los propios especialistas dan desde el análisis de las debilidades o dificultades vividas. En este aspecto, considero fundamental que el tutor/a del aula específica pertenezca obligatoriamente al ETCP para poder mantener contacto directo con el resto del centro y poder planificar, organizar y participar en las actividades del centro con carácter general o específico.

A todo ello se suma otro problema estructural del que casi nadie habla y que erosiona la eficacia real de los recursos educativos: la manera en que se gestiona internamente el material que llega a nuestros centros.

No basta con dotar. No basta con enviar lotes, kits tecnológicos o maletas pedagógicas si luego quedan almacenados en despachos, cuartos o armarios sin que nadie sepa que existen.

En muchos casos —como el que yo he vivido—, los materiales más valiosos, caros y específicos no llegan a manos de quienes realmente los necesitan: el alumnado y el profesorado.

¿Por qué? Porque su uso y disposición se decide de forma unilateral, sin escuchar al equipo docente, sin abrir espacios de consulta, sin valorar las ideas prácticas de quienes conocen de cerca la realidad del aula.

Se produce entonces una acumulación sin sentido, un "acopio" que solo parece responder a la necesidad de mostrar —en redes o documentos— que "el centro dispone de...".

Pero **¿de qué sirve disponer si no se utiliza? ¿De qué sirve almacenar si no se transforma?**

Lo pedagógico no se construye desde la vitrina, sino desde el uso compartido y colaborativo.

Cuando se silencian las propuestas del profesorado, se desprecia no solo su criterio, sino también su capacidad de convertir un recurso en experiencia viva de aprendizaje.

Por eso, otra de mis críticas urgentes, es sin duda, la gestión de los recursos. A mi parecer debe ser transparente, participativa y con sentido pedagógico real. Porque un material guardado es una oportunidad perdida. Y cuando se trata de inclusión, perder oportunidades es excluir de forma silenciosa.

Por último, sin que ello signifique que no existen más mejoras, sino, simplemente buscando cambios reales y posibles en el día a día de nuestras aulas, me gustaría hablar del malestar emocional del profesorado, el cual no puede seguir siendo un tema tabú. Hay docentes al borde del colapso. Hay maestras que se sostienen como pueden, con ansiedad, insomnio, somatización... y, aun así, siguen. No se puede seguir educando a costa de la salud mental.

Todas estas críticas no son quejas. Son alertas. Señales que llevan tiempo encendidas en los centros, y que no pueden seguir siendo ignoradas.

Por ello, quiero creer que todo lo vivido no ha sido en vano. Y que desde la vivencia, la reflexión y la práctica, me puedo atrever a lanzar unas propuestas que no requieren grandes revoluciones, sino decisiones valientes:

1. *Reducción real de ratios.* Establecer un límite máximo para cada perfil y asegurar que se cumple. No se trata de "compensar" con vocación, sino de respetar el derecho a una atención de calidad.

2. *Reconocimiento específico de las aulas específicas.* Dotación prioritaria de recursos, estabilidad docente, acompañamiento emocional, planificación realista y apoyo constante.

3. *Protocolos ágiles de sustitución.* Especialmente en casos de baja en aulas específicas. El alumnado no puede esperar 10 días. Se necesitan soluciones inmediatas, con personal preparado.

4. *Plan de inclusión personalizado.* Que se entienda que la inclusión no es compartir unos ratos con tu grupo de referencia por edad, sino poder valorar otros ítems como: el nivel competencial, los intereses y las posibilidades reales de cada alumno, además de la realidad horaria de la PTIS que acompaña al alumnado. Y así, flexibilizar para incluir de verdad.

5. *Formación específica y obligatoria* para equipos directivos y docentes. En atención a la diversidad, gestión de conflictos, liderazgo emocional y normativa en inclusión.

6. *Creación de espacios de salud emocional docente.* Grupos de apoyo, asistencia psicológica, tiempos de descanso regulados, y una cultura escolar que no premie el agotamiento como sinónimo de compromiso.

7. *Implantar un Plan de Gestión de Recursos Educativos* (PGRE) en cada centro, con las siguientes características: tener un inventario actualizado y accesible que se entregue al profesorado en el primer claustro de cada curso educativo. Crear un registro digital interno, accesible para todo el claustro, con información clara sobre los materiales existentes, su localización, posibles usos y estado. Este inventario debe revisarse y actualizarse al menos una vez por trimestre. También se podría crear una Comisión pedagógica mixta de uso de estos recursos (representada por equipos de ciclo, PT/AL, coordinación TIC, dirección) que valore y apruebe el uso, redistribución o priorización de nuevos recursos. Formar al profesorado en estos recursos si no los conocen (es aquí, en mi caso, cuando descubrí que mi centro disponía de mucho material que desconocía). Y luego creo que la más necesaria de estas características sería establecer que la adquisición de estos materiales responda a las verdaderas necesidades del alumnado, evitando compras únicamente destinadas a la imagen del centro en redes. El material debe estar al servicio del aprendizaje, no del marketing institucional.

8. *Escucha activa a las familias.* No como adversarios, sino como aliados. Y a las maestras/os. No como ejecutoras/es, sino como voces expertas de lo que pasa dentro del aula.

Estas medidas no son una utopía. Son posibles. Son urgentes. Y pueden cambiar realidades si se aplican con coherencia.

Llamamiento a las administraciones

Me gustaría pedir a las administraciones, locales, provinciales y autonómicas, incluso, por que no, estatales y europeas que sin duda son los que tienen el poder de decidir, que:

No dejen sola a la escuela inclusiva.

No conviertan en heroísmo lo que debería ser normalidad.

No pidan milagros cuando faltan medios, manos y miradas.

Queremos enseñar. Queremos acompañar. Queremos seguir creyendo que la educación es la herramienta más transformadora que existe. Pero necesitamos sentir que no estamos sol@s, que no educamos contra el sistema, sino con él.

Por eso, a quienes escriben las leyes, planifican los recursos y diseñan los planes educativos, solo les pido una cosa:

Entren un día a un aula específica.

Sientan lo que implica.

Y después, actúen.

8

¿Y si lo ves claro, pero nadie quiere verlo? Qué hacer cuando intervenir te deja sola

Hay momentos en la vida de un docente en los que no te cuestionas tu vocación, ni tus principios, ni tu entrega... sino el precio que estás pagando por mantenerlos intactos.

Porque hay centros donde lo que duele no es la falta de recursos, sino el silencio institucional, la inmovilidad del equipo, la mirada esquiva cuando nombras lo que todos saben pero nadie quiere afrontar.

Te das cuenta de que las cosas pueden hacerse mejor: más inclusivas, más humanas, más justas. Pero lo que encuentras es un "siempre se ha hecho así", un "no te compliques", o peor aún:"Rocío te he dicho que no".

Y entonces la soledad no es solo emocional. Es estructural.

Te ves defendiendo derechos básicos como si fueran caprichos. Intentando mediar entre familias y dirección sin apoyo. Cargando con decisiones que no tomaste.

Asumiendo el papel de escudo, de portavoz, de cuidadora... mientras otros callan, observan o incluso se apartan.

¿Qué hacer cuando sientes que enseñar no debería doler tanto? ¿Qué hacer cuando el sistema no te protege, y el entorno tampoco?

Este capítulo es para quienes, como tú y como yo, han sentido que lo correcto puede aislarte, que la coherencia te convierte en un problema, y que la defensa de los derechos del alumnado diverso a veces se paga con desprecio, incomprensión o vacío.

Pero también es un capítulo de herramientas. Porque no todo está perdido.

Porque hay formas de resistir sin romperte, de actuar sin traicionarte, de cuidarte mientras luchas.

Aquí hablaremos de qué se puede hacer.

De cómo actuar sin dejarte arrastrar.

De qué canales existen para denunciar, para protegerte, para hacer propuestas de mejora.

Y de cómo encontrar red, fuerza y dirección cuando sientes que ya no puedes más.

Porque no estamos sol@s. Porque hay más como tú.

Y porque callar nunca será la solución.

Cuando la coherencia te deja sola: señales de alerta y cómo afrontarlas

- Se invalidan tus propuestas sin ser escuchadas.

- Se te excluye de decisiones pedagógicas clave.

- Se tergiversa lo que comunicas o se omite en actas.

- Tu aula queda fuera de actividades colectivas sin justificación.

- Sientes que tus compañeros te observan pero no te acompañan.

- Se promueven decisiones que afectan directamente a tu alumnado sin haberte consultado.

- Se limita tu participación en ETCP.

- Se detecta falta de transparencia en los criterios de reparto de recursos o apoyos.

- Hay un clima generalizado de "evitar problemas" en lugar de afrontarlos.

- Se te tacha de conflictiva simplemente por plantear mejoras.

Qué hacer:

1. Documenta todo. correos, reuniones, propuestas.

2. Busca alianzas: PTIS, orientadora, compañeras de otras etapas.

3. Mantén la calma en lo formal, pero sostén tu verdad en lo humano.

Defender sin quemarte: cómo actuar cuando todo parece estar en contra

- Establece **límites personales**: no puedes hacerlo todo.

- Prioriza: no luches todas las batallas a la vez.

- **Diferencia el conflicto estructural del personal**: a veces el problema no eres tú, sino un sistema que no quiere cambiar.

- Respira. Escribe. Descansa. Tu bienestar también es resistencia.

Canales institucionales de protección y denuncia en Andalucía

▶ **Protocolo de acoso escolar y ciberacoso**

- (Orden de 20 de junio de 2011 + instrucciones 2017)

- Se aplica también a agresiones hacia docentes.

- Intervienen dirección, orientación, Inspección y Delegación.

- Obliga a actuar con inmediatez, recoger actas y ofrecer medidas de protección.

▶ **Línea de atención al acoso escolar: 900 018 018**

- Gratuita, anónima, 24 h. Gestionada por el Ministerio de Educación.

- No solo para alumnado. Profesionales también pueden usarla como primer paso.

▶ **Protocolo de agresiones al profesorado**

- Incluido en la normativa autonómica.

- Parte médico, parte policial (si procede), información a Delegación.

- Posibilidad de **asistencia jurídica** por parte de la Administración.

▶ **Protocolo de acoso laboral (Junta de Andalucía)**

- Aplica a cualquier caso de presión, aislamiento, menosprecio o abuso de poder.

- Se activa mediante solicitud formal a través del centro o directamente en Delegación.

- Garantiza confidencialidad y seguimiento.

▶ **Comunicación con Inspección educativa**

- Se puede solicitar por escrito (vía registro oficial) o mediante correo electrónico profesional.

- Tiene obligación de atender y valorar cada petición.

▶ **Propuestas de mejora a Delegación / Consejería**

- A través del Registro Electrónico General de la Junta de Andalucía.

- Se puede enviar una instancia general exponiendo hechos y mejoras.

- Opcional: solicitud de cita con asesor/a técnico de zona.

Por último, os dejo la que yo realicé y que también desconocía que existía por si en algún momento la necesitas, aunque deseo que no sea así.

▶ **Mediación interna en el centro educativo**

Aunque inicialmente desconocida por mí parte, la mediación es una herramienta contemplada tanto en normativas andaluzas como estatales. En mi caso, la Inspección Educativa tramitó una mediación en el centro, con la expectativa de recibir escucha y resolución. Sin embargo, lo vivido fue otra cosa: una sensación de impunidad, de desequilibrio en las partes, y, de nuevo, la soledad del docente sin representación efectiva. De esta experiencia subrayo que los mecanismos formales pueden no bastar si no hay enfoque real en la justicia y el equilibrio.

Con la LOMLOE (2020), la mediación se incorpora de manera explícita como una función directa de la Inspección Educativa. Su rol es orientar al equipo directivo en la adopción y seguimiento de medidas que favorezcan la convivencia y sirvan para resolver conflictos, incluso participando directamente cuando sea necesario.

El Plan General de Actuación de la Inspección en Andalucía (Orden 19 de julio de 2019) también contempla procedimientos claros: visitas, reuniones, supervisión y asesoramiento, incluyendo la mediación como parte de su intervención ante conflictos organizativos o relacionales que no se han resuelto internamente.

Según un estudio del cuerpo de inspectores, más del 77 % considera que la mediación debe activarse cuando los mecanismos internos del centro fracasan, y el 59 % reclama una regulación específica de su intervención. Esto refleja que, aunque valiosa, la mediación aún necesita regulación clara, formación especializada y acompañamiento efectivo para no quedar en meras buenas intenciones.

Desde lo más profundo de mi corazón pensé, confié, creí que la mediación iba a ser la entrada legítima para defender los derechos de mis niños y restituir equilibrios en mi ambiente laboral. Pero resultó ser todo lo contrario. Así que entiendo que solo será efectiva si se aplica con claridad, valentía y coherencia, y no se reduce a un requisito formal más.

Autocuidado profesional: estrategias para sostenerte sin romperte

Este es, sin duda, el apartado más difícil para mí.

Porque, si algo no supe hacer bien este curso, fue precisamente esto: **cuidarme**.

Me fui consumiendo poco a poco. Sosteniendo un aula que exigía muchísimo, mediando donde nadie quería dialogar, denunciando sin ser escuchada, dando tanto que acabé por no quedarme nada.

Y en ese desgaste silencioso, sin querer —y esto es lo que más duele reconocer—, también descuidé a quienes de verdad me esperaban para protegerme: mi familia, mi marido, mis hijos, mis padres, mis amigos. Aquellos que no me exigían nada más que estar presente, y a quienes llegaba a veces rota, agotada, sin fuerzas ni para explicar por qué.

Lo peor es que, muchas veces, ni siquiera me daba cuenta. Justificaba el malestar como algo pasajero, me decía que ya descansaría en vacaciones, que solo era una mala racha. Hasta que entendí —tarde, pero entendí— que no se puede acompañar a otros si tú te estás dejando sola. Que no eres menos profesional por parar, por pedir ayuda, por poner límites.

Que el autocuidado no es egoísmo. Es resistencia. Es supervivencia.

Mis consejos, que desde la tranquilidad de casa y de haber podido comenzar a recuperarme, te puedo dar, son que realices:

- **Microdescansos conscientes: pausas reales entre tareas.** Respiración, estiramientos, desconexión puntual. Para esto tu gran aliada/o es tu PTIS, apóyate, déjate cuidar.

- **Crea una red emocional fuera del centro:** amigos, familia, compañeras de otros centros. Hablarlo todo. No te guardes nada que no te permita entrar al aula al día siguiente como si nada hubiera ocurrido.

- **Cuidado de tu cuerpo:** alimentación, descanso, ejercicio suave. Tengo claro que sin mi práctica deportiva no hubiera aguantado el curso, y que hubiera requerido de una baja mucho tiempo antes de que llegara junio, teniendo en cuenta que me incorporé en marzo. Ahora también cometí el error de querer desfogar todo a través del deporte y eso también me lastimó. Por eso recomiendo un deporte controlado.

- **Espacios de validación:** escribir, crear, leer. Reconéctate con lo que te hace bien.

- Y sin duda, algo que ya he hecho antes y que si veo que no me reconstruyo del todo, volveré a hacer es **ir a terapia o buscar acompañamiento profesional** si sientes que ya no puedes más.

Construir red: buscar aliadas donde menos lo esperas

Este último punto es algo que todavía no he logrado hacer. Pero que con este libro quiero empezar a darle forma.

Quiero que esta historia no se quede en un testimonio aislado. Que sea un punto de encuentro. Un espejo en el que otras y otros puedan reconocerse. Un grito compartido —no de rabia, sino de resistencia— que nos recuerde que no estamos sol@s. Que hay más como tú, como yo, que no se rinden, que no callan, que no bajan los brazos aunque les tiemblen.

Si este libro llega a tus manos y algo en ti resuena, si alguna página te hace sentir menos sola o más fuerte, te propongo algo sencillo pero poderoso: hagamos red.

Unámonos para proteger lo que amamos. Para acompañarnos.

Para cuidarnos.

Para que educar no nos rompa.

Y, sobre todo, para que se cumplan los derechos de quienes de verdad importan: nuestros niños. Esos por los que hoy, todos los que aparecen en estas páginas, seguimos aquí.

Porque merecen una escuela justa, valiente y viva.

Y eso solo se consigue desde el encuentro y la acción compartida.

9

Voz de familia

Hay capítulos que no se escriben. Se viven. Se sufren. Se claman. Este capítulo no lo he redactado yo. Este capítulo lo firman ellas. Las madres. Las familias.

Ellas, que muchas veces callan por miedo. Por cansancio. Por agotamiento de pelear contra muros que no escuchan.

Hoy les doy la voz, el espacio, la dignidad que el sistema les niega. Porque si educar es un acto de amor, entonces denunciar la injusticia también es educar.

Testimonio 1

Cuando esta familia comenzó los trámites para solicitar plaza en el aula específica, hecho que requiere ser gladiador en tiempos de la antigua Roma, lo hizo desde el convencimiento de que su hijo encontraría allí el entorno más adecuado para crecer, desarrollarse y ser feliz.

Tras obtener el dictamen de escolarización favorable (proceso tedioso, difícil, largo, angustiante) acudieron a la Delegación Territorial con toda la documentación en regla. Se les confirmó la plaza. En teoría, todo estaba preparado para que el niño comenzara su escolaridad obligatoria con los apoyos y recursos necesarios.

Pero la realidad fue otro golpe más a los ya recibidos desde esos primeros síntomas que las familias suelen ver e ir recibiendo desde momentos muy iniciales.

Al llegar al centro educativo por primera vez y cruzar la puerta del aula específica, se encontraron con un espacio que no cumplía ni las condiciones básicas de seguridad ni de dignidad. Había cables sueltos, humedades visibles en las paredes, mobiliario inestable, materiales de trabajo inexistentes... Todo estaba por hacer, y lo más alarmante: sin la presencia del personal completo necesario.

Durante las primeras semanas, no había PTIS, la figura que debe asistir al alumnado con necesidades físicas y conductuales durante toda la jornada. La única persona que sostenía esa aula era una docente, que asumía todo: planificación, intervención, apoyo físico, control de crisis, acompañamiento personal y hasta labores de limpieza o primeros auxilios en momentos de urgencia.

Y a eso se sumaba otro dato demoledor: el alumnado recibía solo 30 minutos semanales de AL (Audición y Lenguaje). Una cifra absolutamente insuficiente, contraria al dictamen, a la Ley y al sentido común.

Los padres, lógicamente, comenzaron a hacer preguntas. A buscar explicaciones. A exigir soluciones. Pero el muro de silencio fue casi inmediato.

El centro, lejos de asumir responsabilidades, cerró filas en torno a una dirección que se limitaba a maquillar la situación y negar la realidad.

Cuando intentaron que se les escuchara a través de vías administrativas —con registros formales, escritos a la dirección, solicitudes de reuniones— las respuestas fueron frías, evasivas o simplemente inexistentes. Todo se reducía a una frase: "Estamos cumpliendo con lo que marca la normativa".

Pero la normativa no se cumplía. Ni en medios, ni en personal, ni en atención efectiva al menor.

Preocupadas, impotente, pero determinadas, la familia decidió llevar su caso más allá.

- Se dirigieron a la Inspección Educativa, pidiendo una valoración de la situación del aula.

- Registraron quejas por escrito a la Delegación Territorial de Educación, documentando cada carencia.

- Pidieron un claustro extraordinario para exponer lo que estaba ocurriendo y defender los derechos de su hijo. La petición fue inicialmente ignorada.

- Acudieron a Fiscalía de Menores, exponiendo que su hijo estaba siendo atendido en condiciones indignas y sin garantías mínimas.

No querían privilegios. Solo querían una escolarización digna.

Pero lejos de encontrar respuestas, se encontraron con represalias veladas.

Los profesores que los apoyaban comenzaron a recibir presión. La docente del aula específica, la misma que sostenía con sus manos lo insostenible, fue señalada, cuestionada, silenciada (compañera a la que yo sustituí en el segundo curso del aula).

Y a pesar de todo lo que estáis leyendo, que todo conocedor o sufridor de la situación sabe que hay mucho más detrás, la familia no se rinde. Porque saben que están en lo cierto.

Porque su hijo, y tantos otros como él, no pueden esperar.

En sus propias palabras:

"Nos prometieron inclusión y nos dieron abandono. Pero no vamos a callar. Porque la educación de un hijo no es un favor: es un derecho. Y no vamos a parar hasta que alguien escuche."

Este caso no es una excepción aislada. Es el reflejo de una estructura que falla cuando los derechos colisionan con la comodidad de quienes deben garantizar su cumplimiento.

Es el retrato de una familia que, sin buscar confrontación, se vio obligada a convertirse en activista.

Detrás de cada paso dado por esta familia hay una doble herida: la de ver vulnerado el bienestar de su hijo, y la de sentirse solos en la lucha.

Porque cuando una familia tiene que enfrentarse al sistema para conseguir algo tan básico como un aula segura y un profesional que acompañe a su hijo al baño, que le enseñe a comunicarse o a poder relacionarse con el mundo, es el sistema el que está roto, no el niño.

Testimonio 2

Mamá y PT a la vez, puede ser un privilegio, pero os aseguro que se convierte más en una jornada laboral que nunca acaba, sintiéndote totalmente agotada por no poder completar nada. Y eso que puedo mirar desde el amor y el conocimiento. Desde que mi pequeño nació prematuro, ha recorrido un camino lleno de citas médicas, evaluaciones inconclusas, diagnósticos que nunca llegan y apoyos escasos.

A pesar de anticiparme como profesional y pedir su evaluación psico-pedagógica desde los 3 años, mi peque solo recibe 45 minutos semanales de PT y una mínima intervención de AL. La PTIS, apenas lo acompaña, porque aunque la tiene establecida, su centro ha decidido internamente que se dedique a otro alumno.

Lo más hiriente, de todo lo vivido por el momento, fue escuchar de boca de su primera tutora:

"No puedo con él. Lo saco de la asamblea para que no moleste a los demás. En el recreo, está solo."

Como madre, muy dolida. Como maestra, ardí de impotencia.

Ofrecí material, colaboración, pictogramas, estrategias... pero el sistema solo nos ofreció burocracia y abandono.

Y aun así, no nos rendimos. Por las tardes, sigue nuestra segunda jornada: CAIT, logopedia, terapia ocupacional. Todo costeado sin ayuda porque no cumple criterios de beca NEAE.

"El sistema le da a mi hijo de cuatro años las sobras. Y yo me paso las tardes enseñándole a comunicarse y a no rendirse."

Este testimonio refleja lo que tantas familias sienten: que hay que convertirse en profesionales de la educación, la salud, la legislación y la resistencia... para que sus hijos tengan lo que les corresponde por derecho.

Testimonio 3

"Tener un hijo con TEA es un reto continuo. Tanto, que llega a enganchar."

Recibir el diagnóstico no fue un golpe repentino. No hubo un momento dramático de descubrimiento, sino una suma de pequeñas certezas que, poco a poco, como piezas de un puzle emocional, nos fueron revelando lo que ya intuíamos. Su forma de mirar, de jugar, de actuar... algo en su *manera de estar en el mundo nos decía que no seguía el patrón neurotípico. Y aunque los médicos fueron reticentes a poner nombre a lo evidente por su corta edad, el diagnóstico oficial llegó. No como una herida, sino como un reconocimiento: ahora podíamos luchar por su autonomía con legitimidad.*

Sentí que teníamos una herramienta más para abrir caminos. Que por fin se nos daría voz ante una administración que a veces parece más interesada en números que en niños. Aunque, siendo honestos, mi situación no fue la habitual. Contar con un hermano con un alto cargo en la sanidad me allanó algunos pasos. Bastó con mencionarlo para que todo fluyera. A los tres años, mi hijo ya tenía su diagnóstico y un grado de discapacidad del 41 %. Sé que esto no es lo común. Y que muchas familias siguen esperando durante años lo que a mí me llegó en meses.

Aceptar lo que ya sabíamos fue, paradójicamente, lo más difícil. Porque una cosa es intuirlo y otra, vivirlo cada día: las rabietas, las manías, los mordiscos —a nosotros, a sus maestras—, y esa impotencia mezclada con vergüenza cuando tú mismo no tienes explicación a lo que está pasando.

Pero, él me ha demostrado que en este camino hay mucha belleza que el resto del mundo no tiene la oportunidad de disfrutar. Porque tener un hijo como él es como tener una edición limitada de tu juguete favorito, una joya irrepetible. Es puro corazón, cariño y autenticidad. Y eso no se mide con diagnósticos.

Para nosotros, el aula específica — "el aula mágica"— es el lugar donde nuestro hijo puede aprender a su ritmo, rodeado de personas que le entienden. Aunque, para ser sinceros, la magia no depende del espacio, sino de quién está dentro. En nuestro caso, hemos tenido la suerte de contar con docentes que saben remar muy bien... aunque en el centro educativo no todos los remos apuntan en la misma dirección. Y es ahí donde empieza el desencanto.

Nos hemos sentido acompañados solo por el equipo del aula específica. El resto del centro —tutoría del aula ordinaria, dirección, jefatura de estudios e incluso la Delegación Provincial— han sido, en muchos momentos, un muro de indiferencia. Nos olvidaron incluso en algo tan simbólico como la orla de graduación. Y sí, hemos llegado a enfrentar incluso problemas judiciales.

Aun así, seguimos creyendo en el avance. Porque lo vemos. Cada sílaba pronunciada, cada cuenta del uno al diez, cada pipí solo, cada frase espontánea... son logros que nos llenan de esperanza. Nuestro deseo es sencillo pero inmenso: que alcance un nivel de comunicación y autonomía que le permita vivir con dignidad y felicidad cuando ya no estemos nosotros.

Este camino nos ha enseñado que hay muchas formas de entender la vida, que no todas las mentes necesitan lo mismo ni se expresan igual. Y que el tiempo es un factor decisivo. Por eso, a otras familias que estén empezando les diría: no lo niegues, no lo retrases, no lo escondas. Cuanto antes aceptes, antes podrás ayudar.

Somos una familia unida, imperfecta, diversa, pero fuerte. Vamos todos a una. Y estamos orgullosos de quiénes somos, sobre todo de nuestro hijo, que nos recuerda cada día que la lucha vale la pena. Porque aunque el sistema educativo andaluz está aún muy lejos de lo que estos niños necesitan, mientras existan profesionales valientes, comprometidos y humanos, seguiremos teniendo esperanza. Esperanza de que algún día esta lucha no sea tan cuesta arriba, ni tan solitaria.

Testimonio 4

Recibir el diagnóstico fue como si el cielo se me cayera encima. No hay otra forma de decirlo. Como madre, una siente un dolor indescriptible cuando algo le ocurre a su hijo. Y aunque sabía que algo pasaba, aunque lo intuía, cuando escuché el nombre, cuando lo oí en voz alta, sentí que me arrancaban un trozo del alma. Lloré. Lloré muchísimo. Porque aunque una parte de ti ya lo sospecha, hay otra que se aferra a la idea de que no será nada, de que no es real, de que no es "eso".

Con el tiempo, he aprendido a convivir con ese vacío. A entender que mi felicidad ya nunca será completa. Podré tener buenos momentos, podré reír, podré sentirme afortunada... pero desde ese día hay una parte de mí que ya no está. Se quedó allí, en ese momento en el que el mundo se vino abajo.

Lo más difícil es vivir sin certezas. Aprender cada día desde la incertidumbre, sin saber qué va a pasar mañana. Todo es impredecible. Pero lo más bonito... lo más bonito es él. Su forma de ser, su manera de mirar el mundo sin maldad, su alegría pura. Cada logro, cada paso, cada conquista... son victorias que celebramos como fiestas. Porque sabemos lo que cuesta, lo que supone.

Mi aspiración con mi hijo —y los niños como él— es que puedan ser lo más autónomos posible, que su vida sea lo más fácil dentro de las dificultades. Ellos me enseñan a diario a ver el mundo de otra forma: más auténtica, más limpia, más hermosa. Su mirada transforma la mía.

A otras familias que están empezando este camino, solo puedo decirles: no estáis solas. Es normal sentir que os derrumbáis, llorar, rebelarse, tener miedo. Pero no os rindáis nunca. Porque aunque el camino sea oscuro y duro, cada paso hacia adelante es una luz. La paciencia, la fuerza y el amor son las herramientas más poderosas.

Desde que tuve a mi hijo, no he parado de llorar. Lloré con el diagnóstico, con las primeras terapias, con las crisis... pero también lloro de alegría cuando veo que consigue algo que parecía imposible. Lloro cuando, por fin, da un paso por sí mismo. Y entonces entiendo que todo ese dolor valió la pena. Que sí, que se llora mucho... pero se ama más y que también existen lágrimas de felicidad.

Medidas y cauces para garantizar que sean escuchadas

¿Qué puede hacer una familia que se siente ignorada o maltratada por el sistema educativo?

Aquí os dejo algunas vías disponibles en Andalucía:

1. Solicitar reuniones formales con tutores, orientadores, jefaturas de estudios y equipos directivos. Llevar actas y dejar constancia por escrito.

2. Registrar quejas y reclamaciones en el centro y en Delegación Territorial a través de SÉNECA, con copia sellada.

3. Contactar con la Inspección Educativa, pidiendo cita y dejando constancia escrita de todo lo hablado.

4. Acudir al Defensor del Menor de Andalucía, si se vulneran derechos básicos.

5. Activar procedimientos judiciales, como la solicitud de medidas cautelares o denunciar ante Fiscalía de Menores en caso de negligencias graves.

6. Solicitar un claustro extraordinario como canal legal de información al profesorado (según normativa, puede convocarlo la dirección o un tercio del claustro).

7. Acudir a los medios de comunicación, siempre con prudencia y veracidad, para visibilizar casos de exclusión o dejación de funciones.

8. Organizarse en redes o plataformas de familias para ejercer presión colectiva (AMPAs, asociaciones de NEE, etc.).

Por una escuela que escuche

Estas historias no se escriben con tinta, sino con lágrimas.

Son pruebas vivas de que no hay inclusión real, y menos si no se escucha a las familias.

No puede hablarse de calidad educativa si el dictamen de un niño se archiva en un cajón.

No puede hablarse de escuela pública si se castiga a quien denuncia, si se señala al diferente, si se arrincona al que más lo necesita.

Hoy, estas familias alzan su voz. Y con este capítulo, yo también la alzo con ellas.

10

Si estás leyendo esto...

Si has llegado hasta aquí, quizás tú también has sentido ese cansancio que no se va con dormir.

Esa soledad que se vive incluso rodeada de gente.

Esa lucha diaria en un aula que, aunque parezca invisible para muchos, sostiene pequeñas batallas que jamás verán las noticias.

Si estás leyendo esto, puede que estés empezando y sientas vértigo.

O puede que lleves años, y estés a punto de rendirte.

Puede que hayas dudado mil veces si merece la pena seguir dando tanto, cuando parece que nada cambia.

O tal vez has llorado, como yo, detrás de una puerta cerrada, porque no te daba la vida para ser maestra, madre, compañera y voz de quienes no pueden hablar.

Por eso te escribo esta carta, no como autora, ni como docente, ni como alguien que tiene todas las respuestas (porque no las tengo).

Te la escribo como compañera de trinchera, como mujer que también ha estado al límite.

Y que, incluso rota por dentro, decidió no callar. Lo que haces importa.

Tu mirada importa.

Tu presencia en el aula cambia vidas, aunque a veces sientas que no es suficiente.

Importa tu forma de sostener a tu niño en plena crisis.

Tu manera de crear y adaptar material con cariño, esfuerzo, economía y sobre todo tiempo de los tuyos.

Tu valentía para decir: "Esto no está bien".

Tu constancia, tu ternura, tu cansancio también.

Porque detrás de cada historia de transformación, hay una persona como tú.

Una maestra que eligió seguir cuando todo empujaba a parar.

Que creyó en la inclusión más allá del discurso.

Que supo que el cambio empieza con una voz que se atreve a decir basta.

No estás sola.

Aunque a veces parezca que sí. Aunque te silencien.

Aunque duden de ti.

Hay más como tú. Much@s más.

Y junt@s, unid@s, desde la verdad y el cuidado, vamos a seguir abriendo grietas de luz donde solo había oscuridad.

Este libro no pretende tener soluciones mágicas.

Solo quiere ser una linterna encendida en mitad del túnel.

Un refugio. Una compañía.

Una prueba de que hay otra forma de estar en la escuela: más humana, más justa, más valiente.

Así que si hoy te tambaleas, quédate con esto: No te rindas.

No te calles.

Y sobre todo, no te olvides de ti.

Porque educar no debe costarte la salud, ni la familia, ni los sueños.

Porque cuidarte también es un acto de resistencia pedagógica.

Y porque, a pesar de todo...

Ser maestr@ sigue siendo el acto de amor más radical que conozco.

Gracias por leerme. Gracias por sostener.

Gracias por estar.

No podría acabar sin cantar y para ello retomo una de las canciones que mencioné diciendo:

Contad conmigo en lo que yo os pueda ayudar, se puede hacer ....

Trabajando juntos se conseguirá

Rocío Borrás Rodríguez
Una maestra muy especial

Acerca del autor

Rocío Borrás Rodríguez es maestra especialista en Pedagogía Terapéutica, con más de nueve años de experiencia en el Servicio Andaluz de Educación. Diplomada en Magisterio de Educación Especial por la Universidad de Granada y en Educación Infantil por la Universidad de Jaén, ha complementado su formación con tres másters: en Educación Especial, Psicopedagogía y Lenguajes y Contextos en Educación Infantil. A esta base académica se suman más de mil horas en formación continua, todas enfocadas en mejorar la atención a la diversidad y la inclusión real.

Su vocación nació en la infancia, cuando jugaba a ser maestra con sus tres hermanos pequeños. Pero fue en el instituto, compartiendo pupitre con un compañero con síndrome de Down, cuando comprendió que su lugar estaba junto a quienes más lo necesitaban. Desde entonces, ha volcado su trayectoria profesional en defender una escuela inclusiva, trabajando tanto en integración como en aulas específicas de centros de Educación Primaria y Secundaria.

Ha sido reconocida con la nominación a los premios Ana López Gallego en su localidad por su compromiso con la educación, y actualmente desempeña su labor en la localidad en la que se crió. Además, compagina su labor docente con la preparación de oposiciones para futuros especialistas en PT, a los que acompaña desde la empatía, el conocimiento y el compañerismo real, el que tanto se echa en falta en estos procesos.

Su proyecto web, Una Maestra Muy Especial, nació del deseo de compartir, de tender puentes, de no guardarse para sí las herramientas que podrían ayudar a otras personas a crecer profesionalmente sin perder la humanidad por el camino. Desde ahí impulsa contenidos pedagógicos, experiencias, defensa de derechos y formación para opositores y docentes con alma.

Este libro, sin embargo, no nace desde la preparación académica, sino desde el desgarro humano. Surge como una necesidad vital de contar, de dejar constancia, de sanar y, sobre todo, de tender la mano a quien ahora mismo pueda sentirse sola o solo en una aula específica sin instrucciones, sin red, sin justicia. Rocío ha querido convertir su experiencia en un altavoz. Porque la educación que transforma también duele. Y porque callar no es una opción cuando se trata de derechos vulnerados.

En su tiempo libre —cuando logra un hueco entre ser madre, docente, preparadora y mujer—, se sube a una bicicleta, se lanza al agua o se calza las zapatillas. El triatlón es su forma de equilibrio. De respirar. De cuidarse para poder cuidar.

Si quieres saber más sobre su labor educativa, formativa o emocional, puedes encontrarla en:

🌐 https://unamaestramuyespecial.es

📷 unamaestramuyespecial

ⓕ Rociounamaestramuyespecial

Índice